Vorwort 4

1. **Arthur Schnitzler: Leben und Werk** 6
1.1 Biografie 6
1.2 Zeitgeschichtlicher Hintergrund 10
1.3 Angaben und Erläuterungen zu wesentlichen Werken 15

2. **Textanalyse und -interpretation** 20
2.1 Entstehung und Quellen 20
2.2 Inhaltsangabe 23
2.3 Aufbau 26
2.4 Personenkonstellation und Charakteristiken 36
2.5 Sachliche und sprachliche Erläuterungen 44
2.6 Stil und Sprache 47
2.7 Interpretationsansätze 51

3. **Themen und Aufgaben** 57

4. **Rezeptionsgeschichte** 58

5. **Materialien** 61

Literatur 65

Vorwort

Dem nach seinem Tod schnell in Vergessenheit geratenen Wiener Schriftsteller Arthur Schnitzler ließen Literaturforscher erst ab den 60er Jahren des 20. Jahrhunderts in Deutschland wieder mehr Aufmerksamkeit zuteil kommen. Plötzlich befassten sich Biografien und wissenschaftliche Untersuchungen mit dem Mann, der seine Lebenszeit in Wien wie kein anderer zu dokumentieren wusste.

Schnitzler hinterließ eine Fülle von Tagebuchaufzeichnungen, Notizen, Aphorismen und eine unvollendete Autobiografie, die es dann aufzuarbeiten galt.

Besonders seinem Spätwerk, zu dem auch *Fräulein Else* zählt, kam erst in dieser Zeit besondere Aufmerksamkeit zu.

Als die Novelle *Fräulein Else* 1924 erschien, wurde sie schnell zum Verkaufsschlager. Bis 1929 wurden 70.000 Exemplare verkauft. Das Interesse an dem Text mag an seiner Vielschichtigkeit und vielseitigen Lesart liegen. Verschiedene Produktionen belegen die Versuche, die Novelle um das jüdische Fräulein zu verfilmen oder auf die Bühne zu bringen. Und immer wieder musste festgestellt werden, dass die Erzähltechnik des inneren Monologs, die Schnitzler hier zum zweiten Mal anwandte, dem Text erst seine Wirkung verleiht. Lässt man ihn außer Acht, misslingt die Wirkung des Textes. Die Verzweiflung einer jungen Frau, die viel mehr durch ihre Gedanken, Ideen und Überlegungen als durch Taten deutlich wird, vermag Schnitzler aufzuzeichnen. Den Monolog als Zentrum für eine Verarbeitung zu sehen, scheint die einzig fruchtbare Methode, um diesem Werk gerecht zu werden. Eine Tonaufnahme, ohne visuelles Beiwerk, bewirkt genau das, was die Novelle aus Schnitzlers Spätwerk schon zu vermitteln wusste.

Und dass erst 2002 der Text von Senta Berger erneut vertont worden ist, spricht für den Ausdruck, die Sprechbarkeit und die Aktualität, die immer noch hinter den Zeilen steht. Die Geschichte der jungen Frau, die auf der Suche nach ihrer eigenen, unverkennbaren Persönlichkeit ist, wirkt heute noch ebenso spontan und spannend wie vor 80 Jahren. Die unkomplizierte Schreibweise und das breite Gattungs-Spektrum Schnitzlers tragen dazu bei, dass sein Werk nicht nur von bestimmten sozialen Kreisen rezipiert werden kann und konnte. Als Textgrundlage für diese Erläuterung dient die Ausgabe des Reclam-Verlages (Nr. 18155). Zitate werden entsprechend mit Seitenzahlen in Klammern gekennzeichnet.

1. Arthur Schnitzler: Leben und Werk

1.1 Biografie

Jahr	Ort	Ereignis	Alter
1862	Wien	Arthur Schnitzler wird am 15. Mai als erster Sohn des jüdischen Kehlkopfspezialisten Johann Schnitzler und seiner Gattin Louise (geb. Markbreiter) geboren.	
1871–1879	Wien	Besuch und Absolvierung des Akademischen Gymnasiums in Wien	9–17
1879–1884	Wien	Studium der Medizin an der Wiener Universität	17–22
1885	Wien	Er promoviert in Medizin und macht Bekanntschaft mit Sigmund Freud, mit dem er das Interesse für das Un- und Unterbewusste teilt.	23
Ab 1886	Wien	Regelmäßige Veröffentlichungen von Gedichten und Prosa in Zeitschriften	24
1888	London, Paris, Kopenhagen	Studienreise	26
1890	Wien	Beginn von Briefwechsel und Freundschaft mit Hugo von Hofmannsthal, Briefwechsel und Bekanntschaft mit Felix Salten	28

Jahr	Ort	Ereignis	Alter
1891	Wien	Beginn von Briefwechsel und Freundschaft mit Richard Beer-Hofmann, Briefwechsel und Bekanntschaft mit Hermann Bahr	29
1892	Wien	Veröffentlichung von *Anatol*, einer Sammlung von Einaktern	30
1893	Wien	Eröffnung einer Privatpraxis, immer intensivere Beschäftigung mit Literatur	31
1895	Wien	Uraufführung *Liebelei* am Burgtheater	33
1896	Berlin	Berliner Erstaufführung *Liebelei* am Deutschen Theater (Theaterleiter und Dramaturg: Otto Brahm)	34
	Skandinavien	Nordlandreise, Besuche bei Ibsen in Christiana	
1897	München, Zürich, Paris, London	Forschungsreisen	35
1899	Wien	Uraufführung des Zyklus' *Der grüne Kakadu* (Drama) am Burgtheater	36
1901	Wien	Veröffentlichung von *Lieutenant Gustl* (Novelle). Sein Offiziersrang wird Schnitzler daraufhin aberkannt.	39
1902	Wien	Am 9. August wird sein Sohn Heinrich geboren.	40

Jahr	Ort	Ereignis	Alter
1903	Wein	Veröffentlichung des *Reigen;* Am 26. August heiratet Schnitzler die Mutter seines Sohnes, Olga Gussmann.	41
1904	Berlin	Uraufführung *Der einsame Weg* am Deutschen Theater; Verbot der Buchausgabe des *Reigen* in Deutschland	42
1905	Genua – Neapel – Sizilien – Korfu – Ragusa – Abbazia – Fiume Prag-Teplitz	Schiffsreise; in Ragusa trifft er mit Hofmannsthal und Burckhard zusammen; Vorlesungsreise	43
1906	Berlin	Uraufführung *Der Ruf des Lebens* im Lessing-Theater (Otto Brahm)	44
1908	Wien	Verleihung des Grillparzer-Preises für die Komödie *Zwischenspiel*	46
1909	Wien	Schnitzler-Jahr des Deutschen Volkstheaters	47
1912	Berlin	Uraufführung und Veröffentlichung *Professor Bernhardi* (Komödie)	50
1924	Wien	Veröffentlichung ***Fräulein Else***	62
1926	Wien	Veröffentlichung *Traumnovelle*	64
1931	Wien	Er stirbt am 21. Oktober an den Folgen einer Gehirnblutung.	69

Jahr	Ort	Ereignis	Alter
1968		Seine unvollendete Autobiografie *Jugend in Wien* wird veröffentlicht.	

1.2 Zeitgeschichtlicher Hintergrund

Schnitzlers Novelle entsteht zu Beginn der 20er Jahre des 20. Jahrhunderts, also zwischen zwei Weltkriegen. – Der Erste Weltkrieg veränderte nicht nur die Landkarte, sondern auch die gesellschaftlichen Zustände in Europa. In Deutschland wurde am 9. November 1918 die Republik ausgerufen. Doch die strengen Auflagen der Alliierten und die schlimmen Folgen der Niederlage ließen die Weimarer Republik scheitern. Die Monarchie Österreich-Ungarn brach zusammen und Kaiser Karl I. verzichtete auf jeden Anteil an der Regierung. Die Provisorische Nationalversammlung erklärte 1918: „Deutsch-Österreich ist ein Bestandteil der Deutschen Republik"[1]. Die Führung des Namens Deutsch-Österreich wurde ein halbes Jahr später verboten. Österreich musste die staatliche Souveränität von Ungarn, Polen, Jugoslawien und der Tschechoslowakei anerkennen. In den bürgerlichen Kreisen verhaftete sich schon vor der Jahrhundertwende eine liberal-politische Auffassung. Infolgedessen wurden Kunst- und Kulturgüter immer mehr zu Waren, die sich durch einen erheblichen Preis auszeichneten. Nur noch den gehobenen Schichten war der Zugang zur Kultur möglich. Die großen österreichischen Autoren der Jahrhundertwende mussten selber nie unter finanziellen Nöten leiden, da sie aus den entsprechenden Elternhäusern stammten. –

Zwischen zwei Weltkriegen

In die 20er Jahre, die zunächst einmal Aufbau und Aufschwung bedeuteten, bricht 1929 die Inflation hinein. Große Teile des Bürgertums büßen durch die Inflation ihr Vermögen ein und stehen der Republik ablehnend gegenüber. In diesen konservativen Kreisen, die ihrem alten Ansehen und

1 *Der große Ploetz*, begr. von Carl Ploetz, Freiburg: Herder, 32. Auflage 1998, S. 910

Vermögen nachtrauern, entsteht ein starker Nationalismus, der vor allem auch den Antisemitismus unterstützt.
Schon seit der Jahrhundertwende erstarkt europaweit der Antisemitismus. Besonders in Deutschland und Österreich wird die Bewegung von deutsch-nationalen Studenten getragen.
An der Wiener Universität und dem Klinikum wird auch Schnitzler mit dem Antisemitismus konfrontiert. Seine ironisch gemeinte Komödie *Professor Bernhardi* sorgt für Aufruhr unter seinen Zeitgenossen. Trotzdem werden zu Schnitzlers Lebzeiten Juden in das Wiener Großbürgertum weitestgehend integriert. Der jüdische Beitrag in der literarisch fruchtbaren Periode der Wiener Moderne ist nicht zuletzt durch berühmte Namen, wie Arthur Schnitzler, Stefan Zweig, Hugo von Hofmannsthal u. a., heute weltweit anerkannt. – Schnitzler selbst sieht sich gleichermaßen als Jude, Deutscher und Österreicher.
Schnitzler reist viel, auch ins europäische Ausland. Sein Wohnort bleibt aber zeitlebens Wien.

Wien um die Jahrhundertwende

Das Wien der Jahrhundertwende ins 20. Jahrhundert ist geprägt von einem Aufstreben der Kunst und Literatur. Zusammen mit Berlin gilt Wien in dieser Zeit als die aufstrebende Stadt der Literatur. Oft auch als „Fin de Siècle" bezeichnet wird diese Zeit, die keine geringe Anzahl an Werken der so genannten Dekadenzdichtung hervorbrachte. Freiheit für Literatur wird gefordert, und dennoch unterliegen gleichzeitig viele Werke, darunter auch immer wieder welche von Schnitzler, der Zensur.
Neben Wien gilt Berlin als prägende Stadt im deutschsprachigen Raum. Während sich Berlin als Zentrum des Naturalismus herausbildet, wird den Wiener Autoren eine Neigung zum Ästhetizismus angeheftet.

Wien macht sich in dieser Zeit auch als „Stadt der Kaffeehäuser" einen Namen. Bis heute lässt sich diese Stimmung in Wien einfangen. Das berühmte „Café Central" und auch das „Café Griensteidl", das heute nicht mehr existiert, gelten als Treffpunkt der Literaten, Dichter und Künstler. Auch Schnitzler hält sich mit Freunden und Zeitgenossen dort auf. Unter seiner Beteiligung entsteht hier die literarische Gruppe „Jung Wien", deren Mitglieder sich als „moderne" Künstler verstehen. Persönlichkeiten wie Hugo von Hofmannsthal, Karl Kraus, Richard Beer-Hofmann, Felix Salten, Leopold von Adrian und Hermann Bahr zählen neben weniger bekannten Teilnehmern zu dem Kreis der Publizisten. Auch wenn es zu Meinungsverschiedenheiten unter Kritikern und Publizisten kommt, entstehen dennoch aus diesem Kreis auch lange Freundschaften, wie die von Schnitzler und Hofmannsthal und Beer-Hofmann. Zu Schnitzlers Freunden lassen sich in späteren Jahren auch der Norweger Henrik Ibsen und der Berliner Otto Brahm (Leiter des Deutschen Theaters in Berlin und Dramaturg) zählen. Schnitzler verpasst keine von Brahms Uraufführungen am Deutschen Theater in Berlin.

Der Umgang mit der Seele rückt in der Medizin weiter in den Vordergrund. Daran anknüpfend treten Seelenlandschaften immer regelmäßiger in der Literatur auf. Die Theorien und Thesen des Psychoanalytikers Sigmund Freud wirken bahnbrechend. Gerade bei Schnitzler finden wir Einfluss und Ansätze wieder. Dieser findet in Freud seinen „Doppelgänger". Sie teilen das Interesse für das Un- und Unterbewusste. Schnitzler beschäftigt sich verstärkt mit der Thematik, diese Beschäftigung fließt in seine Literatur ein.

Fräulein Else wird 1924 veröffentlicht und ist insofern zu den späten Erzählungen zu zählen, die schon unter dem Einfluss von Kenntnissen über die Psychoanalyse verfasst werden.

Schnitzler ist Repräsentant seiner Zeit und wird auf Grund seiner langen Schaffenszeit in den Rezeptionen immer wieder verschiedenen Epochen zugeordnet. Er erlebt und durchlebt das Wiener Dandytum der Vorkriegsjahre ebenso wie die europäische Katastrophe des Ersten Weltkrieges. Man findet ihn als Dichter der literarischen Dekadenz ebenso wie als kritischen Spiegel seiner Zeit. Jedoch behagen ihm diese Einstufungen nie.

In seinen Tagebüchern lassen sich Eintragungen feststellen, die auf ein ausgeprägtes Dandytum im Jugendalter verweisen, aber ebenso schildert Schnitzler wiederholt eine „innere Leere", die er empfindet.

„Mit Heftigkeit wehrt er sich gegen seine Einstufung als Dichter der ‚versunkenen Welt'."[2]

Ein Leben als Arzt und Schriftsteller

Er ist ein Mensch, der sich sein Leben lang zwei Leidenschaften widmet. Er ist ebenso Arzt wie Schriftsteller. Sein medizinisches Wissen und die Tätigkeit als praktizierender Arzt verschaffen ihm Nähe zu den Menschen.

Zudem ist der in einer Welt von Verdrängung, Heuchelei und Antisemitismus lebende Schnitzler nicht nur ein Repräsentant, sondern auch ein starker Kritiker seiner Zeit. Schnitzler durchschaut die Doppelmoral der Gesellschaft und greift die Themen in seinem literarischen Werk auf. Obwohl er sich mit Absicht alles Politischen enthält, die ablehnende Haltung gegenüber dem Ersten Weltkrieg durch Schweigen demonstriert, fällt seine fortwährende Kritik an der Gesellschaft doch immer wieder der Zensur zum Opfer. Hinter seinen Werken versteckt sich immer der „Ernst der Aufklärung".

2 Baumer, S. 8

Neben vielen Erfolgen, die er feiern darf, werden ihm auch Anfeindungen entgegengetragen. Auch Schnitzler unterschätzt das Aufkommen der immer judenfeindlicher werdenden Stimmung im Volk.

1.3 Angaben und Erläuterungen zu wesentlichen Werken

Wie schon aus der Biografie (1.1) entnommen werden kann, ist Schnitzlers Werk so umfangreich, dass hier nur ein Querschnitt seiner Arbeiten dargelegt werden kann. Während er sich noch im 19. Jahrhundert hauptsächlich dem Einakter-Zyklus *Anatol* und dem Drama gewidmet hat, besteht sein Spätwerk überwiegend aus Erzählungen.
Da Schnitzler sein komplettes Leben in Wien verbracht hat, lässt er seine Handlungen immer wieder dort spielen. Er reiste zwar viel, unter anderem aus wissenschaftlichen Gründen, nach London, Paris, Kopenhagen, aber er kehrt doch immer wieder nach Wien zurück. Straßenbezeichnungen und die Atmosphäre Wiens finden wir in zahlreichen seiner Werke wieder. Auch Fräulein Else hat ihren Wohnsitz in Wien.
Erstmals bedient sich Schnitzler in der 1901 erschienenen Novelle *Lieutenant Gustl* der Technik des inneren Monologes. Leutnant Gustl, der sein Leben ganz auf seinen Status ausgerichtet hat und beim Militär seine Identifikation findet, erhält von seinem Kollegen Kopetzky eine Karte für ein Oratorium geschenkt. Leider kann er sich für die Musik und den Gesang nicht begeistern, erwartet sehnsüchtig das Ende und wird stetig ungeduldiger und aggressiver. Nach dem Ende stürmt er zur Garderobe, die vollkommen überfüllt ist. Ein dicker Mann steht ihm im Weg und Gustl gerät mit ihm in einen Streit. Gustl rät ihm, das Maul zu halten, woraufhin der Dicke, der sich als der wohlbekannte Bäckermeister herausstellt, an Gustls Säbel greift, ihn einen dummen Buben nennt und damit droht, den Säbel zu zerbrechen und an das Regiment zu senden. Gustl kann nicht begreifen, dass der

Bäckermeister ihn so herabgewürdigt hat. Er fühlt sich in seiner Ehre gekränkt. Da er vor Verdutztheit nicht reagiert hat und nicht bereit war, sich sofort zu duellieren, ist ihm der Bäckermeister entwischt. Über die Folgen ist sich Gustl bewusst. Wenn der Bäckermeister herumerzählt, wie er ihn gedemütigt hat und dass dieser sich nicht duelliert hat, ist es aus mit seinem Ansehen. Gustl streift durch die Stadt und kommt schnell zu einem Entschluss: Er muss sich umbringen. Lieber das, als unehrenhaft entlassen und zum Gespött der Leute zu werden. Die ganze Nacht lang ist Gustl unterwegs, denkt über Abschiedsbriefe und den Zeitpunkt seines Todes nach. Am nächsten Morgen geht er noch zum Frühstück ins Kaffeehaus. Dort erfährt er vom Kellner, dass den Bäckermeister in der Nacht der Schlag getroffen hat und dieser nun tot ist. Leutnant Gustl freut sich über diese Nachricht, da sein Konflikt gelöst ist.

Kurze Inhaltsangabe *Lieutenant Gustl*

Leutnant Gustl wird von Schnitzler als epochentypische Figur gezeichnet. Rangordnung und Ehre beim Militär werden fast schon parodierend dargestellt. Wiederum wird hier, wie in *Liebelei* beispielsweise, die Handhabung des Duells in den Vordergrund gerückt. In der kaiserlichen Gesellschaft gab es noch die Pflicht, sich zu duellieren, ansonsten galt man als Verlierer. Angehörige des Militärs nahmen diesen Ehrenkodex besonders ernst. Schnitzler kritisiert das Ehrendenken der Leutnants und Offiziere. Er selbst hält die Form des Duells für überholt. Nach dem Erscheinen der Novelle wird Schnitzler aus der Armee entlassen.

Obwohl er von einer assimilierten Familie abstammt, durchzieht das Bewusstsein, Jude zu sein, sein Leben. Es wird eines der wiederkehrenden Themen in seiner Arbeit. Leutnant Gustl beispielsweise stellt sich als Antisemit heraus.

Else und Dorsday sind jüdischer Abstammung, und sie versuchen sogar, es nach Möglichkeit zu verstecken.
Nach erfolgreich abgeschlossenem Medizinstudium arbeitet Schnitzler zunächst als praktizierender Arzt. Dennoch vernachlässigt er seine schriftstellerische Tätigkeit nicht, stellt sie später sogar in den Vordergrund. Genauso wie er Jude, Österreicher und Deutscher ist, ist er Mediziner und Schriftsteller. Seine medizinische Erfahrung spiegelt sich in vielen seiner Werke wider.
Er untersucht seine Figuren wie die Patienten in seiner Praxis. Als er nähere Bekanntschaft mit dem Psychoanalytiker Sigmund Freud macht, der ihm seine Erkenntnisse und Thesen über die Psyche und die Traumwelt der Menschen näher bringt, wird das für ihn eines der Hauptthemen in seinen Werken.

Freud – Einflüsse der Psychoanalyse

Traumerlebnisse spielen immer wieder eine Rolle, nicht nur in *Fräulein Else*, die sich zeitweilig im Traum oder Hypnose-Zustand befindet. Kurz nach *Fräulein Else* veröffentlicht Schnitzler seine *Traumnovelle*. Die Existenz des Unterbewussten wird hier perfektioniert.
Frauen sind immer wieder zentrale Figuren bei Schnitzler, in der Literatur kaum weniger als im Leben. Die Titel vieler Werke weisen darauf hin: *Therese, Die Frau des Richters, Frau Berta Garlan, Komtesse Mizzi* lauten seine Titel, um nur einige zu nennen. Junge Frauen, fast noch Mädchen, die auf der Schwelle zum Erwachsenwerden stehen, tauchen häufig als Protagonistinnen in Schnitzlers Veröffentlichungen auf. Else entspricht mit ihren neunzehn Jahren diesem Bild. Sie ist jung und hübsch einerseits, auf der Suche nach einer Liebe und geplagt von Unsicherheit und Verlangen

Verschiedene Frauenfiguren bei Schnitzler

andererseits. Christine in *Liebelei* träumt davon, dass Fritz Lobheimer, in den sie verliebt ist, sie ebenso begehrt, wie sie ihn, doch sie wird enttäuscht. Fritz ist eigentlich an einer Dame der hohen Gesellschaft interessiert. Die unbekannte Dame bleibt während des Dramas namenlos, ist nur als „die Dame im schwarzen Samtkleid" bekannt.[3] Entscheidend ist aber, dass er sich in Wahrheit für sie und nicht dafür interessiert, mit Christine zum Tanz zu gehen. Schließlich kommt es zum Duell zwischen ihm und dem Ehemann der Dame in Schwarz. Fritz kommt dabei ums Leben. Den Gedanken, dass Fritz für eine andere Frau sein Leben gelassen hat, hält Christine nicht aus und nimmt sich das Leben. Auch wenn bei *Fräulein Else* nicht ganz eindeutig ist, was geschieht, nachdem die letzten Zeilen des Textes vorüber sind, gehen viele Interpretatoren davon aus, dass sie stirbt und sich damit auch das Leben genommen hat. In seinem Spätwerk schreibt Schnitzler immer häufiger aus der Sicht der Frauen. Seine eigenen, nicht wenigen Liebschaften inspirieren ihn zu dieser Sichtweise. Wenn auch jede seiner weiblichen Figuren eine ganz andere Geschichte erlebt, lassen sich Zusammenhänge herstellen. Reinhard Urbach weist auf eine verstärkte Emanzipation hin, die sich bei Schnitzlers Protagonistinnen erkennen lässt.
„Die Erwachenden beginnen ihr eigenes Leben zu leben, ohne sich den moralischen und konventionellen Zwängen zu unterwerfen, die sie früher beengt und gehemmt hätten."[4]
Auch Marcolina, Protagonistin aus *Casanovas Heimfahrt*, lässt sich diesen erwachenden, emanzipierten Frauengestalten zuordnen. Während Else sich von den bürgerlichen Qualitäten, die für sie erstrebenswert scheinen, nicht lösen kann,

3 Schnitzler, *Liebelei*, S. 8
4 Urbach, *Schnitzler-Kommentar*, S. 35

lässt Marcolina ihren (sexuellen) Wünschen freien Lauf. Begehrt von zwei Männern, wählt sie den jungen Leutnant Lorenzi und steht dem alten, verkommenen Abenteurer Casanova ablehnend gegenüber. Nur mit einer List gelingt es diesem, sich nachts in ihr Zimmer zu schleichen. Marcolina, im Glauben, dass sie mit ihrem Leutnant das Bett teilt, fühlt sich betrogen, als am nächsten Morgen die Wahrheit an Licht kommt. Sie ekelt sich vor dem alten Mann in ihrem Bett.

2. Textanalyse und -interpretation

2.1 Entstehung und Quellen

In den frühen 20er Jahren schreibt Schnitzler an seiner Monolognovelle. Parallel dazu sind *Der Gang zum Weiher* und die *Komödie der Verführung* fast abgeschlossen. Wie auch im Jahr 1922 arbeitet Schnitzler häufig an mehreren Werken gleichzeitig. Neben *Fräulein Else* hat er ebenso *Die Frau des Richters* und *Traumnovelle* angefangen. Seine Tagebuchaufzeichnungen belegen seine Arbeitsschritte. Am 8. 8. 1921 erwähnt er zum ersten Mal „eine Novelle ‚Else' wird mir am deutlichsten (vielleicht in Gustl-Technik)."[5]

Und ein Jahr später dann: „begann mit einigem Elan ‚Else' zu schreiben, in der Gustl-Technik."[6] Am 18. 4. 1923 ist *Fräulein Else* vorläufig zu Ende diktiert. Im Jahr darauf erst liest er es erstmals seiner Lebensgefährtin Clara Pollaczek vor. „Beiden kommt gleichzeitig die Idee, dass man sie [die Novelle] auch als Monolog auf der Bühne darstellen könnte."[7]

Ständige Unstimmigkeiten beim S. Fischer Verlag, wo Schnitzler sich nicht zur Genüge gewürdigt fühlt, sowie finanzielle Sorgen veranlassen Schnitzler, *Fräulein Else* bei Paul Zsolnay in Wien erscheinen zu lassen. Dieser ist bereit, einen Vorschuss in Schweizer Franken zu zahlen. Ein Vorabdruck erscheint in der Oktoberausgabe der „Neuen Rundschau", einen Monat später dann die Buchausgabe. Während die *Komödie der Verführung* wenig erfolgreich verkauft wird, wird *Fräulein Else* zum Kassenschlager. Bis Ende 1929 steigt die Auflage auf 70.000 Exemplare. Im selben Jahr erscheint

5 Schnitzler, *Tagebuch III*, zitiert nach: Lindgren, S. 440
6 Ebd.
7 Wagner, S. 353

der gleichnamige Stummfilm mit Elisabeth Bergner in der Hauptrolle. Schnitzler erhält für diese als „sein meisterhaftes Spätwerk" bekannte Novelle Lob von vielen Seiten und erhält immer wieder Briefe, in denen nach Else gefragt wird. Einige seiner Bekannten erkennen wiederholt verschiedene Vorbilder, die Schnitzler benutzt haben soll.
Hierzu äußert er sich am 21. 2. 1925 in einem Brief an seinen früheren Studienkollegen Gabor Noble, der offenbar ein Modell für *Fräulein Else* gefunden zu haben glaubte, folgendermaßen:

> *„Was nun deine spezielle Frage anbelangt, so hat das ‚Fräulein Else', so wie ich sie geschildert habe, niemals gelebt und der Fall, den ich erzählt habe, ist völlig frei erfunden. Selbstverständlich wird man Züge des ‚Fräuleins Else' bei manchem Wesen wiederfinden, das man gekannt hat, und ich selbst könnte mehr als ein weibliches Geschöpf nennen, von dem ich für die Figur der ‚Else' zum Teil bewusst, zum Teil unbewusst, Züge geborgt habe. Gewisse Vorgänge, die in der Familie der Else spielen, haben sich, wie du ja wahrscheinlich weißt, in meiner Verwandtschaft zugetragen, und das junge Mädchen, die Tochter des unglücklichen Advokaten, meine früh verstorbene Cousine, hat tatsächlich Else geheißen. Damit ist aber auch alles erschöpft, was in meiner Novelle mit Realität im engeren Sinne zu tun hat."*[8]

Trotzdem lassen sich vor allem in Schnitzlers unvollendeter Biografie *Jugend in Wien* und in seinen Tagebucheinträgen immer wieder Hinweise finden, die mit Fräulein Elses Geschichte in Verbindung stehen. Einer dieser Hinweise ist

8 Zitiert nach: Urbach, *Schnitzler-Kommentar*, S. 130

Dora Kohnberger, von der Schnitzler in seiner Autobiografie berichtet:

> *„Dora Kohnberger, (...) begleitete ich auf einem peinlichen Gang ins Hotel Bauer, wo wir bei einem guten Freunde für meinen Onkel Edmund Markbreiter, (...), der wieder einmal vor dem Ruin, wenn nicht vor dem Kriminal stand, als Bittsteller vorsprachen. Es handelte sich um ein paar tausend Gulden, die durch eine Sammlung aufgebracht werden sollten, an der sich hauptsächlich Verwandte beteiligten, soweit sie nicht schon müde geworden waren, dem unverbesserlichen Verschwender und Börsenspieler, der zugleich ein so großer Advokat war, (...) beizustehen. Herr Cz., ein reicher Kunsthändler, Junggeselle, Freund der Familie und – ohne Erfolg natürlich – ein Kurmacher der Frau Dora, entschloss sich nach einer längeren Unterredung (...) zu einer Spende von fünfhundert Gulden. Ich weiß nicht, ob es gerade diese Summe war, die meinen Onkel für diesmal noch rettete, jedenfalls war die Katastrophe nun hinausgeschoben.“*[9]

Für das Motiv, dass sich eine Frau einem Mann nackt zeigt, kann auch die Bekanntschaft mit Stefanie Barach eine mögliche Vorlage bieten. Barach stirbt an einer Veronal-Morphium-Vergiftung. Ihr Selbstmord wird als eine Reaktion auf den Selbstmord ihres Vaters gesehen, der bei Börsenspekulationen sein gesamtes Vermögen verloren hatte. Die hinterbliebene Familie geriet in große finanzielle Nöte.

9 Schnitzler, *Jugend in Wien*, S. 271

2.2 Inhaltsangabe

Zu beachten ist hier, dass wir den Handlungsverlauf nicht objektiv, sondern aus der Sichtweise der Protagonistin erleben.

Fräulein Else T., die lebensfrohe und sportliche 19-jährige Tochter eines jüdischen Wiener Advokaten, verbringt ihre Ferien in San Martino di Castrozza. Von ihrer reichen Tante in das Hotel Fratazza eingeladen, genießt sie es, die anderen Hotelgäste zu beobachten. Besonders ihren Cousin Paul und seine verheiratete Geliebte Cissy hat sie im Visier.
Als sie mit den beiden vom Tennisspiel zurückkommt, erwartet sie der Portier mit dem von der Mutter vorab telegrafisch angekündigten Expressbrief. Der Schrieb ihrer Mutter aus Wien berichtet von akuten finanziellen Nöten der Familie, in die sie Elses Vater gebracht hat, und der drohenden Gefängnisstrafe für den Vater. Um Spielschulden und Fehlspekulationen auszugleichen, veruntreute er Mündelgelder. Die Mutter erwartet von Else, mit einem gewissen Herrn von Dorsday, einem wohlhabenden Kunsthändler und alten Freund der Familie, der ebenfalls gerade Ferien in San Martino di Castrozza macht und im Hotel Fratazza wohnt, zu sprechen und ihn um Geld zu bitten. Es handelt sich um 30 000 Gulden, die innerhalb kürzester Zeit aufgebracht werden müssen, um den Gläubiger Dr. Fiala zufrieden zu stellen, ansonsten ergeht der Haftbefehl.
Else ist es äußerst unangenehm, Dorsday um Geld zu bitten und sich zu erniedrigen, zumal sie Dorsday von Beginn an abweisend gegenübersteht. Sie schiebt das Gespräch immer weiter hinaus und erzürnt sich über ihren Vater, der sie in diese Situation gebracht hat. Ebenso verärgert ist sie über

ihre Mutter, die ihr die Verantwortung überlässt. Ihr ist klar, dass das Problem des Vaters auch dann nicht behoben wäre, wenn Dorsday sich bereit erklärt, ihrer Familie Geld zu leihen. Früher oder später würde es wieder zu einer solchen Situation kommen, zumal es auch diesmal nicht das erste Mal ist. Aber um ihren geliebten Papa vor dem Gang ins Gefängnis zu bewahren, bittet sie Dorsday schließlich doch um Hilfe. Der ist bereit, die 30 000 Gulden, zu leihen. Allerdings verlangt er eine Gegenleistung: Fräulein Else soll sich ihm nackt präsentieren. Else ist schockiert über den Preis, den sie zahlen soll, verweigert sich innerlich, weiß aber doch, dass nur sie ihren Eltern helfen kann. Sie schwankt zwischen der Bewahrung ihrer Ehre und der Loyalität zu ihren Eltern. Die Zeit drängt aber, da der Scheck mit dem Geld in weniger als 48 Stunden in Wien sein muss. Sie spielt mögliche Begegnungen mit Dorsday im Kopf durch, überdenkt Orte, an denen es zu einem solchen Zusammentreffen kommen kann.
Ihr Wunsch zu sterben, in den Tod zu flüchten, wird immer deutlicher. Parallel dazu will sie auch Dorsday für seine Unverschämtheit demütigen. Als sie schließlich bereit ist, auf den Handel einzugehen, ereilt sie erneut ein Telegramm aus Wien. Die Summe, die der Vater aufzubringen hat, ist nunmehr auf 50 000 Gulden gestiegen, berichtet die Mutter. Else verzweifelt, denkt sich aus, welche Forderungen Dorsday noch stellen mag, und dass sie sich erneut vor ihm demütigen und um mehr Geld bitten muss.
Sie beschließt zuerst, nur mit ihrem Mantel bekleidet mit der Depesche in Dorsdays Zimmer aufzutauchen. Immer wieder überlegt sie umzukehren und die Sache anders zu regeln. Sie redet sich ein, dass alles nicht ihre Schuld ist und dass nicht sie das ausbaden muss. Aber sie merkt, dass,

wenn sie das Geld nicht besorgen kann, der Vater ins Gefängnis kommt und die Familie, einschließlich ihrer selbst, erst recht ruiniert ist. Schließlich löst sie sechs Päckchen Veronal in einem Glas Wasser auf, das sie neben ihr Bett stellt.
Sie entschließt sich, sich nicht nur Dorsday, sondern allen Anwesenden nackt zu zeigen, so dass Dorsday als Widerling erkannt wird. Nur mit einem Mantel bekleidet, verlässt sie ihr Zimmer, um Dorsday zu suchen. Den Brief, in dem sie ihn auffordert, die erhöhte Summe per Telegramm aufzugeben, da seine Bedingung nun erfüllt sei, lehnt sie an seine Zimmertür.
Im Musikzimmer findet sie endlich Dorsday, entblößt sich, bricht zusammen und liegt scheinbar bewusstlos und nackt inmitten des Raumes. Während sie in ihr Zimmer gebracht und auf ihr Bett gelegt wird, hört sie allen Gesprächen zu, die um sie herum stattfinden. Sie hört, dass ihre Tante sie für verrückt hält und mit ihr nicht im selben Abteil nach Wien zurückreisen will und dass Cissy ihr Spiel durchschaut. Else erkennt, dass es kein Zurück mehr gibt, und will nie wieder die Augen öffnen.
Als Paul und Cissy kurz Elses Zimmer verlassen, greift sie zum Schlafmittel. Sie trinkt das Glas mit Veronal ganz aus und merkt, wie sie das Bewusstsein verliert. Der Gedanke, dass Dorsday das Geld gar nicht verschicken wird, kommt in ihr auf und sie versucht, sich bemerkbar zu machen, versucht Paul und Cissy anzurufen, kann aber nicht mehr reden, das Schlafmittel wirkt bereits, und sie beginnt zu halluzinieren. Sie fühlt sich, als fliege sie davon, gemeinsam mit ihrem Vater. Von fern hört sie noch nach ihr rufen.

2.3 Aufbau

Raum und Zeit

Schnitzler hat nach der Vollendung des Werkes über eine Bühnenform für *Fräulein Else* nachgedacht.
Auch die beiden Verfilmungen (1929 und 1974) sprechen für die Spielbarkeit der Novelle. Die Schwierigkeit, den inneren Monolog in eine Dramenform umzuwandeln, wird durch die beiden Konstanten der Novelle ausgeglichen. Die Zeit ist auf wenige Abendstunden des 3. September 1896 begrenzt. Spielzeit und gespielte Zeit sind nahezu identisch. Als Spielort bietet das Hotel Fratazza in den Dolomiten sowie die nahe Umgebung eine bestimmbare Größe.
Die Orte lassen sich in Innen- und Außenräume unterteilen, womit eine Innen- und eine Außenwelt im doppelten Sinne entsteht. Was vordergründig ungeordnet und lediglich als Gedankenstrom erscheint, baut auf einer klaren Struktur auf. Der **erste Teil** findet vor dem Hotel statt und endet mit dem Eintreffen des Expressbriefes von Elses Mutter, der schon vorab durch ein Telegramm angekündigt wurde. Else befindet sich also bereits in einer Erwartungshaltung, da sie nicht weiß, was für eine Nachricht der Brief enthält. Sie ahnt natürlich, dass es nichts Positives ist, denn sonst wäre der Aufwand nicht nötig. Dieser „unbehagliche Schwebezustand zwischen Innen- und Außenwelt“[10] gilt gleichermaßen als spannungserregendes Moment. Das Tennis-Match mit Cissy und Paul sowie die flüchtige Begegnung mit Herrn von Dorsday zeichnen Elses Grundhaltung ihnen gegenüber sehr deutlich.

Unbehaglicher Schwebezustand

10 Rey, S. 81

Das Lesen des Briefes stellt den **zweiten Teil** dar. In der Privatsphäre, die ihr Zimmer bietet, öffnet sie den Brief. Elses Mutter berichtet von der brenzligen Situation, in die der Vater die Familie gebracht hat, und sie fordert Else auf, Dorsday um Geld zu bitten. Die Außenwelt wirkt auf Else ein. Sie wird konfrontiert mit dem Versagen des Vaters, das schwere Folgen für die Familie haben könnte, mit der hilflosen und anmaßenden Forderung ihrer Mutter, die Else die Verantwortung für die Familie überträgt. Selbst nicht in der Lage, sich zu helfen, wendet sie sich an ihre Tochter, wobei sie wissen muss, dass Dorsday als Geschäftsmann eine Gegenleistung erwartet. Wissentlich lässt sie es zu, dass ihre Tochter sich für die Familie verkauft.
Auch im **dritten Teil**, wenn die „seelische Gegenreaktion" Elses zum Vorschein kommt, befindet sie sich in ihrem privaten Raum. Zudem wird Else bewusst, wie trugvoll ihr Leben bisher war. Mit Opern-Besuchen, Neujahrssouper und Ballhandschuhen hält sie einen Lebensstandard, der von dem Bürgertum gelebt wird, dem sie so gern angehören möchte. Sie erkennt aber auch, dass sie bisher nur eine Außenseiterrolle innehatte und ihre Familie sich aus finanzieller Sicht nicht wirklich zugehörig fühlen konnte.

> *„Auch mit den dreißigtausend wird uns ja nicht geholfen sein. Immer diese Geschichten! Seit sieben Jahren! Nein – länger. (...) Niemand sieht mir was an, auch dem Papa nicht. Und doch wissen es alle Leute. Rätselhaft, dass wir uns immer noch halten. Wie man alles gewöhnt! Dabei leben wir eigentlich ganz gut."* (S. 15)

Die Scheinhaftigkeit des Wiener Bürgertums wird deutlich. Else sucht nach einer Lösung, die sie vor der Demütigung bewahrt. Ihre Zerrissenheit beginnt schon hier, als Dorsday noch keine Forderung an sie gestellt hat. Die Bettlerin für ihre Eltern zu spielen, erniedrigt sie zutiefst. Und doch steht zu diesem Zeitpunkt für sie fest, dass sie dem Vater helfen muss. „Und der Papa soll eingesperrt werden. Nein. Nie und nimmer. Es darf nicht sein. Ich werde ihn retten. Ja, Papa, ich werde dich retten." (S. 16) Ihre eigene Situation stellt sie wie folgt dar: „die Hochgemute, die Aristokratin, die Marchesa, die Bettlerin, die Tochter des Defraudanten." (S. 18)

Als Gegenpol zum geliebten Vater erscheint der gehasste Dorsday: „Widerlicher Kerl, ich hasse ihn. Alle Menschen hasse ich." (S. 17) Dorsday steht nur stellvertretend für die am Materialismus orientierte Gesellschaft.

Auf ihrem Zimmer spielt sie im Kopf verschiedene Möglichkeiten durch, wie sie auf Dorsday zugehen könnte. In ihrer Verzweiflung merkt sie, wie einsam sie ist. „Wen werd ich heiraten? Wer heiratet die Tochter eines Defraudanten?" (S. 19) Sie sieht sich schon jetzt als gesellschaftlich ruiniert. Der Druck von außen wird deutlich. Ebenso wie ihre eigene Welt, die nicht den Regeln der Gesellschaft gehorcht, entdeckt sie ihre eigene Vorstellung, die nicht mit den Konventionen übereinstimmt. Sie bildet den Kontrast zu ihrer Mutter: „Mama war gewiss immer eine treue Gattin. Ich werde nicht treu sein. Ich bin hochgemut, aber ich werde nicht treu sein. Die Filous sind mir gefährlich." (S. 20) So steht sie mit ihren eigenen Vorstellungen der bürgerlichen Welt kontrovers gegenüber. An späterer Stelle sagt sie: „Bin nicht geschaffen für eine bürgerliche Existenz." (S. 50)

Doch zunächst übernimmt sie doch die ihr aufgetragene Bürde und ergreift die Initiative. Sie spricht Dorsday an und nach kurzen Bemerkungen über die schöne Luft und die Ge-

gend erzählt sie von dem Brief. Gewillt, den Handel schnell abzuwickeln, berichtet sie von der Misere ihres Vaters und hofft darauf, dass Dorsday ihr die Zahlung zusagt. Sie möchte am liebsten verschwinden, so unangenehm ist ihr das Gespräch. Bald fängt sie an zu zittern und Tränen schießen ihr in die Augen.

Der Konflikt spitzt sich zu. Dorsday stellt seine Forderung.

Im **vierten Teil**, draußen auf der Wiese, entwickelt sich also erst der eigentliche Konflikt durch Dorsdays Forderung. Elses Versuch, den Normen der Gesellschaft zu entsprechen, drängt sie nur weiter zurück.

Nach dem Gespräch sieht Else sich auf ihre Innenwelt zurückgeworfen. „Affektierter Schuft" ist ihr erster Gedanke am Ende des Gesprächs. Die Forderung scheint ihr so unmöglich, dass sie zunächst den Tod des Vaters vorzieht: „Bring dich um, Papa!" (S. 36) „Nie und nimmer. Es wird dir nichts anderes übrig bleiben, Papa, du musst dich umbringen." (S. 37)

Die Forderung Dorsdays verankert sich in ihrem Kopf. Ihre Gedanken gehen zu anderen Männern, die sie um Hilfe bitten könnte. Doktor Fiala, bei dem das Geld eingereicht werden soll, oder Paul, ihren Cousin. Und immer enden die fiktiven Dialoge mit einer ähnlichen Forderung an sie.

Else erinnert sich an eine Szene auf einem Balkon, bei der sie nur im Hemd bekleidet von zwei jungen Männern beobachtet wurde, was ihr gefiel. Sie sinniert, dass sie schon ein Luder sein könnte, aber eine Dirne niemals:

> *„Nein, ich verkaufe mich nicht. Niemals. Nie werde ich mich verkaufen. Ich schenke mich her. (...) Aber ich verkaufe mich nicht. Ein Luder will ich sein, aber keine Dirne." (S. 39)*

Und immer wieder wandern die Gedanken zu ihrem Vater. Mal schiebt sie ihm alle Schuld zu, denkt, dass er es hätte wissen müssen, wo Dorsday doch ein alter Bekannter ist, und dann wieder nimmt sie ihn in Schutz: „Zuerst hat der Papa sicher alles andere versucht. Was muss er durchgemacht haben, ehe er die Mama veranlasst hat, diesen Brief zu schreiben?" (S. 41)
Else nimmt sich Zeit, um zu überlegen, und geht hinaus bis zum Waldrand. Der folgende **fünfte Teil** spielt sich wieder außen ab, jedoch abseits vom Hotel, so dass Intimität zulässig ist.
Mit dem räumlichen Abstand zu den Hotelgästen gewinnt sie auch Abstand zu ihrer Meinung über sie und redet wie von einer höheren Warte herab. Die vorherigen Schufte werden wieder zu Menschen. „Ach nein, Menschen, arme Menschen, sie tun mir alle so Leid." (S. 42) Sie gleitet in einen Todestraum hinüber. Auch hier tritt wieder ihre Herzensgüte hervor. Zuletzt jedoch stellt sie fest, dass sie sich nicht auf einem Friedhof bei ihrer Beerdigung befindet, sondern in einem Park in Mentone spazieren geht.
Als sie zum Hotel zurückkommt, erwartet sie ein Telegramm aus Wien. In ihrem Zimmer öffnet sie es und erfährt, dass die Summe auf 50 000 gestiegen ist.
Im **sechsten Teil** beschreibt Else den Empfang des zweiten Telegramms und trifft ihre Entscheidung. Die erhöhte Summe macht für sie kaum einen Unterschied. Sie ist bereit, sich zu opfern, damit die Schulden des Vaters beglichen werden können. Die in Teil fünf vorherrschenden Todesmotive werden durch ihre erotischen Wunschvorstellungen ausgeglichen. Else betrachtet sich narzisstisch im Spiegel. „Wie schön meine blondroten Haare sind, und meine Schultern; meine Augen sind auch nicht übel. Hu, wie groß sie sind." (S. 56)

Exhibitionslust und Scham wechseln einander ab. Erst jetzt fasst Else nach mancherlei Erwägungen endgültig den Entschluss, sich in voller Öffentlichkeit zu entkleiden. „Alle sollen sie mich sehen. Die ganze Welt soll mich sehen." (S. 58) Sie identifiziert sich mit der Rolle als Luder und findet scheinbar sogar Gefallen daran. „Ah, wie hübsch ist es, so nackt im Zimmer auf und ab zu spazieren. Bin ich wirklich so schön wie im Spiegel?" (S. 60)
Starken Stimmungsschwankungen ausgesetzt, stellt sie sicher, dass das Schlafmittel bereit ist, füllt es sogar schon in ihr Glas neben dem Bett. Der letzte Satz im Telegramm ihrer Mutter hat sich festgesetzt. „Adresse bleibt Fiala". Es gibt also kein wirkliches Entkommen. Ihr Schicksal scheint mit diesem Namen verbunden. Sie hinterlässt Dorsday eine Nachricht, dass sie die Bedingungen erfüllt und sich die Summe erhöht hat, und beginnt ihn zu suchen.
Der erste Höhepunkt der Handlung ereignet sich im **siebten Teil**. Elses Nervosität wird durch die immer kürzer werdenden syntaktischen Einheiten sichtbar. An die Stelle des Namens Fiala treten nun die „Fünfzigtausend", die für Else ihr Schicksal bedeuten. Else findet Dorsday im Musikzimmer, und auch der „Römerkopf", von dem sie dachte, er sei abgereist, befindet sich dort. Als Dorsday Else erblickt, öffnet sie ihren Mantel und steht nackt im Raum. Im Hintergrund spielt jemand am Klavier Schumanns *Carnaval*. Niemand sagt etwas. Erst als Else sich als Gewinnerin sieht, stoppt die Musik, und zu hören ist Elses Lachen. Sie kann dem Druck nicht mehr standhalten und bricht vor Scham zusammen.

Entblößung im Musikzimmer

Sie stellt sich ohnmächtig und greift selbst nicht mehr in das Geschehen ein, kann aber dem Gespräch und dem Aufruhr unter den Anwesenden folgen und es kommentieren. Else

sieht die Entkleidung als ihre letzte Tat an und will nicht mehr aufwachen. „Nie wieder werde ich die Augen öffnen." (S. 71)
Ihre Tante Emma fürchtet einen Skandal, will zügig abreisen und Else in einer Anstalt unterbringen lassen.
Im **achten und letzten Teil** befindet sich Else, immer noch regungslos, in ihrem Zimmer, umgeben von Paul, Cissy und - kurz - der Tante. Paul ist der Einzige, der - als Arzt - versucht, Verständnis aufzubringen und Ruhe zu schaffen. Cissy spricht Else direkt an und glaubt, dass Else ihnen nur etwas vorspielt und alles mitbekommt. Elses Todeswunsch ist hier auf seinem extremsten Punkt. „Nie wieder werde ich zu einem Menschen sprechen. Nie wache ich wieder auf." (S. 77) Als Paul und Cissy vor der Tür mit Dorsday sprechen, der sich nach Elses Zustand erkundigt, öffnet sie die Augen, greift nach dem Veronal und trinkt das Glas leer. Dies ist ihre letzte Tat, denn nun ist sie vollends in ihrer Welt gefangen. Alle an der Situation Beteiligten werden für Else zu Mördern: „Alle sind sie Mörder. (...) Ihr habt mich umgebracht, ihr alle, ihr alle!" (S. 77)
Plötzlich befürchtet Else, dass Dorsday sie betrügen könnte und nicht mehr vorhat, das Geld zu überweisen. Verzweifelt versucht sie sich bemerkbar zu machen, aber die Wirkung des Schlafmittels hat schon eingesetzt. Sie versucht Paul zuzurufen, sie zu retten. Sie will nicht mehr sterben.
Erst zuletzt löst sich die Syntax auf. Else kann keinen Satz mehr zu Ende bringen, bringt nur noch Silben hervor und verstummt schließlich.

Motive

Von Beginn an werden die acht Stationen der Erzählung von Motiven unterstrichen und getragen. Dem augenscheinlichsten Motiv begegnen wir auch als Erstes: der sozialen Ebene. Else ist die dritte Person bei einem Single, einem Tennis-Match, das man zu zweit spielt. So wird ihre Rolle als Außenseiterin direkt offensichtlich. Mit vielen Anspielungen auf bekannte Maler und literarische Werke möchte Else ihr Wissen um Kulturgüter unterstreichen und sich damit auf eine Ebene stellen mit dem Bürgertum. Else wurde als „höhere Tochter" erzogen und ist auf Aufnahme in den Kreis angewiesen. Ihre Familie kann jedoch den Aufenthalt in dem Luxushotel nicht finanzieren, sie muss sich von ihrer Tante einladen lassen. Else weiß keine andere Existenz, auf die sie sich stützen könnte. Und ihr einziger Zugang zu dieser Existenz, den ihr niemand nehmen kann, scheint ihre Schönheit zu sein.

Elses Rolle als Außenseiterin

Auch die Erotik lässt sich an vielen Stellen im Text belegen. Oft wohl unbewusst, in Träumen und Visionen, manchmal aber auch ganz bewusst, lassen sich Belege hierfür in Elses Monolog finden. Wenn sie sich auf dem Balkon wissentlich anstarren lässt, von ihrem nackten Körper auf Marmorstufen ihrer Villa an der Riviera träumt oder sich an dem jungen Italiener, dem Filou, erfreut, ist die Erotik ganz offensichtlich. Aber auch durch Verknüpfungen zeigt sich dieses Motiv in vielen Facetten. Im Teil 2.7 (siehe S. 55 f. der Erläuterung) wird noch näher auf die Schlangen im Park von Mentone eingegangen. Erwähnenswert an dieser Stelle ist auf jeden Fall, dass Else sich in der Rolle als Luder (nicht mit „Dirne" gleichzusetzen!) sieht. Dem gegenüber stehen auf männlicher Seite die Begriffe des Filou, aber vor allem des Matador. Er ist derjenige, den sie eigentlich sucht.

Auch das Natur-Motiv ist eine der wesentlichen Stützen des Aufbaus, und zwar in doppelter Hinsicht. Einmal ist die Natur Zufluchtsort, hier braucht sich Else nicht zu verstecken. Dann aber birgt die Natur die schon erwähnten Gefahren. Der Todestraum spielt sich ebenso wie das Gespräch mit Dorsday in der Natur ab. Die zweite Ebene der Natur ist die Natur von Else selbst. Ihre natürliche Individualität, die mehr und mehr zum Vorschein kommt, macht sie zu etwas Einzigartigem, lässt sie aber auch umso mehr in der Rolle der Außenseiterin erscheinen. Obwohl Else über einen hohen Grad an Objektivität verfügt und durchaus im Stande ist, Selbstkritik zu üben, ist sie nicht eins mit ihrer Natur. Erst bei ihrem Auftritt im Musikzimmer handelt sie nach ihrer persönlichen Einschätzung. Sofort merkt sie aber, dass sie damit jegliche Eingliederung in die Gesellschaft vertan hat.

Natur als Schutz und Gefahr

Das Traum-Motiv finden wir auch in *Fräulein Else* wieder. Schnitzler bedient sich häufig des Traumes, um Unterbewusstes hervortreten zu lassen. Elses Traum belegt ihre Zerrissenheit zwischen Todessehnsucht und Anerkennung.

Auch die Einsamkeit spielt eine nicht unerhebliche Rolle. In Elses Familie gibt es nicht den Zusammenhalt, das Zugehörigkeitsgefühl, das sie so ersehnt. „Die Mama ist allein, weil sie nicht gescheit genug ist und von niemandem was weiß, nicht von mir, nicht von Rudi und nicht vom Papa." (S. 23) Else fühlt sich allein gelassen und nicht verstanden. Sie sucht gerade deswegen jemanden, der ihr dies bieten kann. „Ich bin ganz allein. Ich bin ja so furchtbar allein, wie es sich niemand vorstellen kann." (S. 22)

„Aber was in mir vorgeht und was in mir wühlt und Angst hat, habt ihr euch darum je gekümmert? Manchmal im Blick von Papa war eine Ahnung davon, aber ganz flüchtig." (S. 47)

Ein einziges Motiv lässt sich erst ganz am Ende erkennen: die Musik. Wie Gerd K. Schneider als Erster belegt, ist die Verwendung gerade dieser drei hier vorliegenden Notenstücke aus dem Musikzyklus *Carnaval* von Schumann durchaus ein gelungener Schachzug. Wie in Teil 5 (Materialien) dieses Bandes zitiert (S. 63 f. der Erläuterung), steigert sich die Musik parallel zu Elses Erregung und Sprachlosigkeit. Die Musik spricht das aus, was Else nicht mehr in der Lage ist zu denken.

2.4 Personenkonstellation und Charakteristiken

Die Technik des inneren Monologs bringt es mit sich, dass alle (Haupt-)Figuren aus der Sicht Elses vermittelt werden. Daraus ergibt sich, dass eine objektive Figurenbeschreibung nur schwer möglich ist. Sogar die wenigen Selbstkommentare werden von Else kommentiert, so dass unser Blick stark gelenkt wird. Wir erfahren Elses Ab- und Zuneigung anderen Figuren gegenüber, kaum aber, wie die anderen zueinander stehen.

Else

Schon der Titel *Fräulein Else* weist darauf hin, dass wir einer noch unverheirateten jungen Frau begegnen, die sich in einem Zustand zwischen Noch-Nicht-Erwachsen-Sein und Nicht-Mehr-Kind-Sein bewegt. Sie ist daher auf der Suche nach ihrer eigenen Identität, ihrer eigenen Individualität und muss für sich ihre Grenzen abstecken und feststellen, wer sie in dieser Gesellschaft ist. Diese Gesellschaft scheint für Else jedoch eine unüberwindbare Größe zu sein. Die Anwaltstochter genießt durchaus den vornehmen Lebensstil einer „höheren Tochter". Sie liebt ihre „aristokratische" Schrift, Opernbesuche und das Klavierspiel. Der vornehmen bürgerlichen Gesellschaft versucht sie zu entsprechen, möchte anerkannt werden. Ihre Schönheit schafft ihr den Zugang zu dieser Gesellschaft, die Schönheit als Tugend anerkennt. Elses Hilferuf nach Anerkennung bleibt aber von allen ungehört. Und darin begründet sich die eigentliche Tragik der Figur.

„Die Tragik ihres Schicksals liegt darin, dass sie auf der Suche nach einer eigenen Identität trotzdem der Außenleitung verhaf-

tet bleibt, obwohl sie klar erkennt, dass gerade dieses Prinzip in ihrer Familie geherrscht hat und in ihr die Ausbildung einer vollständigen Individualität unmöglich machte."[11]

Else sucht Halt und Anerkennung und jemanden, der ihr diese geben kann. Aber es sieht so aus, als könne nicht einmal ihr enger Bekannter Fred diese Rolle erfüllen.
Es ist daher ganz natürlich, dass Else sich die Männer genauer ansieht. Einmal, weil sie sich in einem Alter befindet, in dem das dem natürlichen Entwicklungsverhalten entspricht, zum anderen sucht sie mit einem zweiten Blick natürlich einen späteren Ehegatten und damit eine gesicherte Existenz.
Einmal bot sich ihr schon die Möglichkeit, einen viel älteren Mann zu heiraten, doch hätte dieser nur die finanzielle Seite sichern können. Es ist paradox, dass Else einerseits darüber nachdenkt, wer sie nur heiraten werde, und andererseits über 100 Geliebte nachdenkt, mit denen sie aber nie ein Zimmer teilen würde.
Nicht von der Hand zu weisen ist, dass sie an einem jungen Italiener, den sie Filou nennt, Interesse zeigt. Dieser entspricht ihrem natürlichen Wunschdenken, aber finanzielle Sicherheit kann er ihr kaum bieten.
Ebenso deutlich ist ihre Abneigung gegen Dorsday von Beginn an.
Demjenigen, der in Frage käme, Fred, kann sie als Mann nicht viel abgewinnen, er ist mehr ein Vertrauter. Nur unter bestimmten Umständen könnte sie sich doch für ihn entscheiden. „Ach Fred ist im Grunde nichts für mich. Kein Filou! Aber ich nähme ihn, wenn er Geld hätte." (S. 20) Der Sicherheit in der Gesellschaft gibt sie den Vortritt.

11 Allerdissen, S. 35

Fred ist für Else die meiste Zeit über präsent, auch wenn er nicht anwesend ist. Ihre wirkliche Beziehung zu ihm wird immer nur angedeutet.

Die Beziehung zu ihrem Vater ist eines der zentralen Themen der Novelle. Die Ausgangsposition ist klar: Else liebt ihren Vater, obwohl sie von seiner Spielsucht weiß. Denn er ist wohl der Einzige, von dem sie sich verstanden fühlt. Im Gegenzug ist sie auch die Einzige, die ihn kennt und die um ihre Gemeinsamkeiten weiß. „Und der Papa ist dabei immer gut aufgelegt. Immer? Nein. O nein. In der Oper neulich bei Figaro sein Blick, – plötzlich ganz leer – ich bin erschrocken." (S. 15) Hier liegt der Zugang zu ihrem Vater: Sie haben Gemeinsamkeiten, die niemand in der Familie mit ihnen teilt. Dazu gehört auch eine ausgeprägte Triebhaftigkeit.

Enge Bindung Elses an ihren Vater

Diese Liebe wird durch die Forderung der Mutter auf eine harte Probe gestellt. Im Grunde gibt es nur zwei Lösungen für ihren Konflikt: Entweder muss der Vater ins Gefängnis oder sich gar umbringen, oder aber sie verliert ihre Ehre und verkauft sich. Es geht also um ihr oder sein Leben. Die Person aber, die Else am nächsten ist, ist letztendlich der Grund, der ihre ohnehin schon wackelige Existenz gefährdet. Das weiß Else auch genau, aber ihr ist auch die Ausweglosigkeit der Situation bewusst.

Wic cng Elses Beziehung zu ihrem Vater ist, lässt sich am Ende der Novelle in Elses Traum vom gemeinsamen Fliegen erkennen.

Als Ausweg aus ihrem Dilemma sieht sie nur, sich zu verschenken statt zu verkaufen, um sich nicht selbst zu verraten. Nach ihrer Entblößung bricht sie aber zusammen und ist nicht mehr in der Lage, sich bemerkbar zu machen. Das

Schlafmittel scheint ihr als die letzte Rettung, als sie merkt, dass sie die Kontrolle über sich verloren hat.

Ihr Aufbegehren gegen die Gesellschaft ist das zentrale Motiv der ersten Abschnitte. Jede andere handelnde Figur wird dieser Gegenseite „Gesellschaft" zugeordnet und vertritt sie. Ihre Gedanken zeigen, dass sie dieser Gesellschaft Paroli bieten, sich nicht den herrschenden Konventionen unterwerfen will. Und sie entscheidet sich, das Spiel so, wie es gefordert wird, nicht mitzuspielen. Sie trifft sich nicht heimlich mit Dorsday, damit die Misere des Vaters möglichst elegant bereinigt wird, sondern verlagert ihre Tat in die Öffentlichkeit.

Die Reaktionen verdeutlichen, wie unschicklich dies ist. Um ihr gesellschaftliches Ansehen ist es mit dieser Tat wohl geschehen, aber auch das ist nur ein weiteres Indiz für Elses Rebellion. Mit ihrer Vorstellung, ein Luder zu sein, kann sie leben, mit der Vorstellung, eine Dirne zu sein, nicht.

Der innere Monolog ermöglicht eine sehr exakte Figurenzeichnung. Das intensive Abwägen der Folgen, Momente der Überzeugung und der Zweifel kommen zur Geltung.

Elses Innenleben wird sichtbar, Schnitzler lässt uns hinter eine Fassade blicken.

Else wird von Passivität bestimmt

Else ist in ihrer gesamten Haltung aber durch eine starke Passivität bestimmt. Nur zweimal handelt sie an diesem Abend. Das erste Mal, als sie Dorsday auf den Brief ihrer Mutter anspricht und ihn bittet zu helfen, und ein zweites Mal, als sie sich im Musikzimmer entkleidet. Das erste Mal wird sofort mit einer Forderung gestraft, und bei der zweiten Handlung sieht Else keinen Ausweg, kein Zurück mehr.

Ansonsten verharrt Else in der erwartenden Haltung, in der sie schon zu Beginn der Erzählung ist.

Sie lässt sich von ihrer Tante einladen, was wiederum zeigt, dass sie die herrschenden Konventionen durchaus akzeptiert. Else erwartet immer, dass die Impulse von anderen ausgehen. Und selbst wenn dies geschieht, ist es ihr nicht immer recht.

Auch ihr Selbstmordversuch ist in dieser Passivität zu sehen. Sie hat nicht die Kraft dazu, sich direkt zu töten, sie entschläft lieber dem Leben. Auch Dorsdays erwünschte Gegenleistung erfordert fast absurde Passivität von ihr. Sie soll nur dastehen und sich betrachten lassen. Das Sehnen nach dem Tod, welches durch die gesamte Novelle hindurch immer wieder zum Vorschein kommt, verstärkt diese These noch. „Else erreicht am Ende der Erzählung auch jenen im Grunde immer schon ersehnten Zustand des Scheintodseins: ohnmächtig im körperlichen Sinne, aber bei vollem Bewusstsein."[12]

Wie bei der früheren Monolognovelle *Lieutenant Gustl* ist der innere Monolog Instrument für die Hilferufe „eines unter der Problematik der Ich-Erschütterung leidenden Menschen, der aus sich heraus keinen Ausweg finden kann und darum nach einer Bestätigung von außen verlangt."[13]

Kunsthändler Dorsday

Dorsday, ein weiterer Gast im Hotel Fratazza, ist der eigentliche Auslöser für Elses Konflikt. Auch wenn es ihr unangenehm ist, ihn um Hilfe zu bitten, ist es seine Forderung, die sie über ihre Grenzen hinaustreibt.

Seine Geschäfte laufen offensichtlich gut, und schon einmal hat er Elses Familie aus einer finanziellen Notsituation geholfen. Jedoch scheint auch er sich nach etwas zu sehnen, was Else ihm erfüllen soll. Dass er ein Auge für Kunst hat,

12 Allerdissen, S. 36
13 Allerdissen, S. 34

erklärt wohl, dass er Else „sehen" will. Eine Prostituierte könnte er sich bedenkenlos leisten. Er ist aber an der Schönheit interessiert. Dass er eine Gegenleistung für 30 000 Gulden verlangt, ist für einen Händler verständlich. Er weiß, dass seine Forderung nicht angebracht und anzüglich ist. Nur verblümt gibt er seine Forderung bekannt „Je vous désire." (S. 34) Selbst in dieser Situation ist er noch bestrebt, elegant zu wirken, wobei sein Verhalten das Gegenteil widerspiegelt. Es bedarf auch eines Momentes, bis Else versteht, was er will, denn sein „(...) für diesmal will ich nichts anderes (...) als Sie - sehen" (S. 34) spricht für die Doppelmoral des Bürgertums. Seine Forderung wird nicht milder dadurch, dass er sie nicht klar ausspricht.

Auch sieht es so aus, als würde er seine jüdische Herkunft verstecken wollen. Aber Elses stumme Kommentare entlarven ihn. „Dorsday! Sie haben sicher einmal anders geheißen." (S. 8), „Herr Dorsday, ich glaube Ihnen Ihre Eleganz nicht und nicht Ihr Monokel und nicht ihre Noblesse. Sie könnten ebenso gut mit alten Kleidern handeln wie mit alten Bildern." (S. 16/17) „Warum hat er denn ein rotes Monokel der Herr Dorsday?" (S. 43)

Else hingegen versucht nicht, die Angelegenheit zu überdecken. Auf ihre Offensive hin ist er sprachlos. Während der Musikzimmerszene spricht er kein Wort.

Eltern

Die Beziehung Elses zu ihrem Vater ist schon angeklungen. Er ist derjenige, der die Familie verschuldet und die Situation erst verursacht hat. Der Veranlasser von Elses Konflikt ist die Person, die sie am meisten verehrt.

Die eigentliche Liebe zum Vater wird zum Zwiespalt für Else. Er ist scheinbar der Einzige, der sie wenigstens

manchmal versteht. Er hebt sich damit für Else von dem Rest der Welt, der Gesellschaft ab. Auch wird er in ihrer Todesszene von ihr als Einziger nicht als Mörder beschuldigt.
Obwohl er bezüglich der Beziehung zu Else heraussticht, dient er aber genauso als Repräsentant des Wiener Bürgertums: Der Advokat veruntreut Mündelgelder, um an der Börse zu spekulieren.
Elses Mutter ist selber hilflos. Sie „bittet" Else, ihnen zu helfen, selber nicht mehr fähig oder voll Scham, sich an Dorsday zu richten. Der Ruf und das Ansehen der Familie sind so wichtig, dass sie bereit ist, ihrer Tochter diesen Konflikt aufzuerlegen. Ob sie früher schon einmal bei Dorsday zur Bittstellerin geworden ist, lässt sich nur vermuten, wenn Else davon träumt, dass ihre Mutter Dorsday die Hand küsst (S. 43).

Die restliche Familie
Nur auf Einladung ihrer reichen Tante Emma hin ist Else in diesem Hotel. Erst in der Musikzimmerszene entpuppt sich die Tante als weniger wohlwollend, als es zunächst den Anschein hat. Besorgt um Ansehen und eigene Sicherheit, möchte sie nicht mit Else in einem Abteil reisen und sie lieber in eine Anstalt geben. Ihre Beziehung zu Else ist aber auch vorher nicht so gut, dass Else sich ihr anvertrauen würde.
Emmas Sohn, Paul, Frauenarzt, ist im Hotel wohl derjenige, der Else von den Anwesenden am nächsten steht. Er geht auf sie zu. Als sie ohnmächtig wird, ist er der Einzige, der für Ruhe sorgt, wenn es auch aus seinem beruflichen Hintergrund und der Fürsorge eines Verwandten heraus geschieht.
Seine Geliebte, Cissy, ist Else ein Dorn im Auge. Von Beginn an wird deutlich, dass sie Cissy für affektiert hält.

Die Gesellschaft als Gegenspielerin

Zudem wird schon bei dem Tennismatch klar, dass Else allein ist und nicht integriert. Sie bedauert es durchaus, dass Paul mit Cissy liiert ist, denn sie hegt eine gewisse Sympathie für ihn. Auch hier wird die Doppelbödigkeit des Bürgertums deutlich: Cissy ist verheiratet und hat sogar ein Kind. Die Beziehung zu Paul ist also keine offizielle, aber da Else sie bemerkt hat, scheinen sie nicht sehr geheimnisvoll damit umzugehen. Auch ihre Lüge klassifiziert sie für die Gruppe von Elses großen Gegenspielern, die Gesellschaft.

2.5 Sachliche und sprachliche Erläuterungen

Sowohl die zu Grunde liegende Textausgabe als auch der von Evelyne Polt-Heinzl verfasste Band *Fräulein Else* in der Reihe Erläuterungen und Dokumente, erschienen im Reclam Verlag, bieten eine Fülle von Wort- und Sacherklärungen. Daher soll dieses Kapitel nur die wichtigsten Worterklärungen und vielmehr eine Aufschlüsselung von Wortfeldern bieten.

Wie in vielen seiner Werke, tritt auch in *Fräulein Else* der Lebensraum Schnitzlers hervor. Wien klingt in der Novelle immer wieder an:

Textbeleg	Erklärung
16, 1	Grand Hotel: vornehmes Hotel am Kärntner Ring, Wien
39, 12	Frauenzimmer von der Kärntnerstraße: Prostituierte aus dem 1. Bezirk (so die Einteilung der Wiener Stadtbezirke)
40, 20	Lerchenfelderstraße: Vorstadtstraße zwischen VII. und VIII. Wiener Bezirk
41, 10 f.	Warsdorf ... Burin ... Wertheimstein: Bankhäuser in Wien
79, 33	Bartensteinstraße: befindet sich ebenso im 1. Bezirk
80, 14	Hauptallee: gemeint ist die Straße im Prater

Else führt wieder Künstlernamen an oder erinnert sich an Opern und Romane. Das Wissen um Maler, Sänger und Werke lässt auf eine Angehörige des gehobenen Bürgertums, eine „höhere Tochter", schließen. Eine Stelle in der Novelle unterstreicht dies zudem: Else nimmt sich vor, ihr Klavierspiel wieder aufzunehmen, wenn sie zurück in Wien ist.

Textbeleg	Erklärung
7, 1	Van Dyck: Ernest V. D., berühmter Tenor, auch an der Wiener Oper tätig
7, 2	die Renard: Marie R., Artistin Mezzosopranistin an der Wiener Hofoper
13, 15	Rubens: Peter Paul R., flämischer Maler
19, 24	Rembrandt: R. Harmensz. van Rijn, holländischer Maler
21, 17	Tizian: Tiziano Vecellio, italienischer Renaissancemaler

Nicht nur Else, sondern vor allem auch Dorsday bedienen sich der französischen Sprache. Allerdings aus zwei verschiedenen Motiven heraus: Else versucht mit den Gepflogenheiten der vornehmen Gesellschaft mitzuhalten. Sie empfindet sogar Cissys Bezeichnung des „Diner" als „Dinner" als „dumme Affektion". Dorsday hingegen rettet sich in die französische Sprache, um seine Forderung nicht zu direkt zu stellen. Die fremde Sprache vertuscht sein Vorhaben.
In sein „Je vous désire" mischt sich zwar das Vornehme, lässt aber auch das Anzügliche aufblitzen.

Textbeleg	Erklärung
8, 25	Vous allez bien?: Geht es Ihnen gut?
8, 30	A bientôt: bis bald.
8, 32	Bonne: Kindermädchen, Erzieherin
13, 34	Rancune: (frz.) Groll, heimliche Feindschaft, Rachsucht

17, 16	Toilette de circonstance: (frz.) den Umständen entsprechend gekleidet
21, 4	Fauteuil: (frz.) Armsessel
34, 12	Je vous désire: (frz.) Ich begehre Sie
42, 27	Table d'hôtes: großer Tisch im Restaurant, an dem die Gäste gemeinsam bewirtet werden
54, 12	Depesche: Eilnachricht, Telegramm
54, 32	Plafond: Zimmerdecke
71, 21	Plaid: meist karierte Reisedecke
80, 10	Enchanté: Sehr erfreut

2.6 Stil und Sprache

Sprache und Stil der Novelle sind nicht besonders kompliziert. Bis auf einige französische Vokabeln und ältere österreichische Wörter ist das meiste geläufig.
Dies ist ein Phänomen, das durch die Verwendung des inneren Monologes entsteht. Der Wortschatz und die Verwendung von syntaktischen Einheiten sind auf dem Niveau einer 19-jährigen Bürgertochter zu Beginn des 20. Jahrhunderts. Dazu kommt, dass wir es nicht mit ausgesprochener Sprache zu tun haben, sondern mit Gedachtem und Unausgesprochenem. Diese Gedanken sind, zuweilen auch nur in Fetzen vorliegend, natürlich nicht durch eine Vielzahl von rhetorischen Figuren beladen. Jeder weiß aus seinem Alltagsleben, in welcher Form einem Gedanken durch den Kopf gehen. Jegliche Natürlichkeit und Angemessenheit würde verloren gehen, wenn Else stilisiert „sprechen" würde. Sie würde unglaubwürdig und gekünstelt wirken. Ihr Sprachgebrauch entspricht also größtenteils dem Alltagsgebrauch. Natürlich ist der innere Monolog durch stark assoziatives Sprechen geprägt. Sehr konsequent verwendet Schnitzler parataktische Sätze und Ellipsen. Auf dem Höhepunkt der Erzählung, wenn Else im Musikzimmer den Mantel fallen lässt und selbst angespannt und erregt ist, zerfällt ihre Sprache nahezu. Satzfetzen und Gedankenstriche dominieren ihren Monolog. Sie hört auf zu sprechen, täuscht die Bewusstlosigkeit vor, kann nicht mehr physisch reagieren. Die Musik tritt an die Stelle der Sprache, löst sie ab. Kurz bevor das Veronal Elses Bewusstsein völlig auslöscht, kommen nicht einmal mehr ganze Wörter zu Stande. Silben reihen sich aneinander, Pausen entstehen, und dann endet die Novelle. Die letzten Zeilen erinnern an ein Herzfrequenzüberwachungsgerät. Wenn

eine Person stirbt, werden die Abstände des Pieptons größer, bis zuletzt nur noch ein lang andauernder Piepton zu hören ist.
Aus diesem Grund lassen sich bestimmte stilistische Mittel finden, die der Erzähltechnik angepasst sind.

Sprachliches Mittel/Stil	Erklärung	Textbeleg
Enumeratiỏ	Aufzählung, Reihung	„... ich die Hochgemute, Aristokratin, die Marchesa, die Bettlerin, die Tochter des Defraudanten." (S. 18)
Anapher	Wiederholung eines oder mehrerer Wörter an Satz-/Versanfängen	„Ich bleibe nicht mehr hier. Ich könnte ja gar nicht, ich dürfte ja gar nicht. Ich lebe hier als ..."(S. 19)
Parallelismus	Wiederholung des Satzaufbaus	„Ich will noch auf viele Berge klettern. Ich will noch tanzen. Ich will auch einmal heiraten. Ich will noch reisen." (S. 79)
Ellipse	Auslassung von Satzgliedern	„Noch kein Stern am Himmel." (S. 21)
Neologismus	Wortneuschöpfung	„blitzdumm" (S. 23)

Zum inneren Monolog

Schnitzler wendet als Erster im deutschsprachigen Raum diese Technik des extremen personalen Erzählens an, den inneren Monolog. Auch als „monologue intérieur" bezeichnet, beschreibt er die Handlung in der Ich-Rede. Aus der Sicht einer handelnden Person erfahren wir das Geschehen im Rede-Präsens.

Die Figurenrede ersetzt komplett den Erzählerbericht. Ein Erzähler ist also scheinbar nicht greifbar. Er führt jedoch den Monolog so geschickt, dass der explizite Leser stark beeinflusst wird. Die seelische Befindlichkeit der Figur wird nahezu stenografisch nachgezeichnet.

Der innere Monolog dient als Darstellungsform innerer Vorgänge. Vorstellungen und Gedanken, die im Bewusstsein einer Figur ablaufen, werden unmittelbar im Präsens der Ich-Form wiedergegeben. Im Unterschied zum Bewusstseinstrom („stream of conciousness"), der hauptsächlich aus einer assoziativen Folge von Gedankenfetzen, Eindrücken, Erinnerungen und Vorstellungen in ungeordneten, ungrammatischen und unvollendeten Sätzen besteht, bleibt beim inneren Monolog die grammatische Satzform gewahrt.

Der Autor lässt einen Dialog ohne direkten Dialogpartner entstehen. Weil es im Grunde keinen Zuhörer gibt, da die Gedanken der Figur nicht für jemand anderen zugänglich sind, kann unter Umständen der Leser oder wie bei *Fräulein Else* die Gesellschaft die Rolle des Dialogpartners übernehmen. So kann entweder der Leser mit seinen Gedanken, mit seiner Interpretation der Handlung antworten oder es können – wie bei dem vorliegenden Beispiel – die handelnden Personen auf Elses innere Welt reagieren, ohne sie zu kennen.

„Dem Leser wird Gelegenheit gegeben, die in ein stummes Selbstgespräch vertiefte Figur zu belauschen und durch die Verarbeitung des so gewonnenen ‚empirischen' Materials kritische Schlussfolgerungen über die inneren Konflikte der Figuren und deren Bewältigung zu ziehen."[14]

In der erlebten Rede hingegen, die auch als Form des personalen Erzählens gilt, ist der Erzähler greifbar. Er berichtet aus der Sichtweise einer Figur, im Gegensatz zum inneren Monolog wird hier in der 3. Person erzählt und als Erzähltempus das epische Präteritum verwendet.
In *Fräulein Else* verfeinert Schnitzler die Technik, die er bereits bei *Lieutenant Gustl* angewendet hat. Elses echter Dialog ist durch Anführungszeichen in normaler Schrift gekennzeichnet. Die wörtliche Rede aller anderen Figuren wird durch Anführungszeichen und kursive Schrift verdeutlicht.

„Innerer Monolog, in Romanen und Erzählungen die Wiedergabe von in Wirklichkeit unausgesprochenen Gedanken, Assoziationen, Ahnungen der Personen in Sprache, direkter Ich-Form im Gegensatz zur erlebten Rede in der 3. Person; erstrebt die Wiedergabe der Augenblicksregungen, wie sie im Bewusstseinsstrom und aus dem Unterbewussten erschienen, und versucht die Identifikation von Leser und Romanheld durch unmittelbare Gleichsetzung und völliges Verschwinden des Erzählers; nach Vorgang der simultanen Schilderung in Dadaismus und Futurismus erst im seelenanalytischen Roman eingeführt."[15]

---

14 Perlmann, S. 135
15 von Wilpert, S. 371

2.7 Interpretationsansätze

Die Novelle bietet eine Vielzahl von Interpretationsansätzen. Unbestreitbar ist aber bei jeder Betrachtung, dass Else während des gesamten Geschehens vor eine Entscheidung gestellt ist und jede Handlungsüberlegung mit dem Druck, der auf ihr lastet, eng verbunden ist. Die Gedanken gehen bis zu der Basis-Frage nach Leben oder Tod. Ihre Zerrissenheit äußert sich auch in Form von Entscheidungs-Ellipsen. „Sie oder keine" (S. 21), „Jetzt oder nie" (S. 27)

Doppelte Innen- und Außenwelt

Die Orte, an denen die Handlung stattfindet, können in zwei Kategorien geteilt werden:

Öffentliche Räume (Speisesaal, Foyer, Musikzimmer, Tennisplatz) stehen dem privaten Raum – das Zimmer Elses – gegenüber. Hier findet etwa die Hälfte des Monologes statt. Die Natur und die Umgebung des Hotels sind Zufluchtsorte für Else, um vor ihrer Tante zu fliehen und für sich zu sein, bergen aber auch Gefahren. Auf der Wiese vor dem Hotel findet ihr Gespräch mit Dorsday statt, bei dem er ihr seine Forderung unterbreitet und Else schon unangenehm nahe kommt. „Was ist das? Er fasst nach meiner Hand? Was fällt ihm denn ein? (...) Er soll meine Hand loslassen! Nun, Gott sei Dank, er lässt sie los. Nicht so nah, nicht so nah." (S. 34)

Auch auf der sprachlichen Ebene ist eine Trennung zwischen Innen- und Außenwelt zu erkennen. Das, was Else sagt, ist nicht unbedingt das, was sie denkt. Wenn Cissy berichtet, dass der Kronprinz von Griechenland am darauf folgenden Tag seine Ankunft zugesagt hat, denkt Else sich insgeheim: „Was kümmert mich der Kronprinz von Griechenland?". Cissy gegenüber mimt sie aber Interesse und sagt kurz: „So, wirklich?" (beide S. 24)

Der Zwang der Gesellschaft wird hier aufs Neue deutlich. Die Welt in Elses Gedanken korrespondiert nur bedingt mit der Welt, auf die sie trifft. Denn diese vermeintlich „reale" Welt ist für sie eine Bedrohung, ein Korsett, in das sie geschnürt wird.

Kritik an der Gesellschaft

An die doppelte Innen- und Außenwelt knüpft sich die Doppelbödigkeit der Gesellschaft an, die von Schnitzler hier dargelegt wird. Die Zeit, in der Else lebt, und ihr Umfeld sind geprägt von Scheinhaftigkeit und Materialismus. Hinter der Fassade verbergen sich aber, wie in Elses Fall, familiäre und andere Trauerspiele. Dorsday beispielsweise pflegt die Beziehung zu einer Dame, die Elses Mutter als „nichts Feines" betitelt. Die Großzügigkeit, die zunächst von der Tante auszugehen scheint, wird entlarvt, als sie nach Elses Entblößung um einen Skandal fürchtet und sich weigert, mit Else gemeinsam in einem Abteil nach Hause zu reisen. Elses Mutter, die eigentlich ihr Kind beschützen sollte, überträgt die Verantwortung für die Zukunft der Familie auf Else. Der Frauenarzt Paul pflegt eine Liebesbeziehung mit einer verheirateten Frau. Und der Kunsthändler Dorsday stellt eine unverschämte Bedingung als Gegenleistung für den Scheck. Auch hierbei wird vertuscht und kaschiert. Dorsday sagt lediglich: „Je vous désire" (Ich begehre Sie). Das Unschickliche kann Dorsday auf Deutsch nicht aussprechen, tut es also auf Französisch, was seiner „Noblesse" entspricht.
So zeichnet Schnitzler ein kritisches Bild von der Gesellschaft, in der er lebt. Else scheint in diesem Spiel, das fast einem Theater gleicht, mehr als Spielball zu fungieren als als ernst zu nehmendes Individuum. Sie zerbricht letztendlich weniger an sich selbst als an den Forderungen, die von außen an sie gerichtet werden. Ihr fehlt das nötige Ventil,

um ihr eigenes Individuum tatsächlich zuzulassen. Ihren Hilferuf scheint niemand zu hören. Am ehesten sollte wohl die Familie in der Lage sein, Elses Problem zu erkennen, doch dort ist jeder mit sich selber beschäftigt und einsam.
An der Stelle, als Else sich offenbart, wird auch das Spiel der Gesellschaft entlarvt. Genau wie Elses physische Gestalt zusammenbricht, brechen die Fassaden ein, und es tritt ein anderes Gesicht der Gesellschaft hervor: Die egoistischen Sorgen der Tante, Cissys Gehässigkeiten, die Else in ihrer bisherigen Meinung über sie nur bestätigen, Dorsdays möglicher Vertragsbruch.
Elses Verhaltens- und Denkstruktur ist allerdings widersprüchlich. Obwohl sie mit ihren privaten Wünschen, Vorstellungen und Trieben nicht den gängigen Konventionen entspricht, möchte sie dem Kreis der Reichen angehören, in die Gesellschaft aufgenommen werden. Wahrscheinlich sind es Schutz und Halt, die sie sucht. Auf der Suche nach ihrem eigenen Ich begegnet sie Unsicherheiten. Sie ist sich ihrer Wünsche durchaus bewusst und weiß auch, dass diese in den bürgerlichen Konventionen nicht angebracht sind. Else träumt von tausend Geliebten und empfindet durchaus einen gewissen Reiz, wenn sie sich betrachtet fühlt. Sie nimmt die Rolle des Luders an und spielt mit ihrer Frivolität. Fred würde ihr als Mann nicht ausreichen, er ist nicht elegant genug (S. 7). Else sucht vielmehr einen Filou oder Matador. Aber auch hier sagt sie, dass sie Fred doch nehmen würde, wenn er genügend Geld hätte. Letztendlich unterdrückt sie ihre Individualität und versucht, sich den Konventionen anzupassen. Am Ende gelingt ihr dies aber nicht mehr. Sie kann nicht stillschweigend Dorsdays Verhalten hinnehmen. Da aber ihre Art und Weise, mit dem Problem umzugehen, nicht

Elses Verhalten ist paradox

akzeptiert wird, bleibt ihr scheinbar nur noch das Schlafmittel als letzter Ausweg.
Eine der frühen Lesarten scheint bei der ersten Lektüre evident zu werden. Es scheint fast, als übe Schnitzler an Else seinen Arztberuf literarisch aus. Immer weiter dringt er in ihre Seelenlandschaft vor. Schnitzler entblättert nach und nach ihre Schichten und deckt ihr Innerstes auf, bis sie letztendlich „nackt" vor ihm steht. Es scheint fast, als wolle er sie ergründen, und er vollzieht damit als Autor eine Rückwärtsbewegung. Denn der Autor als Schöpfer gestaltet seine Figuren erst, vervollkommnet sie mit jedem Satz. Fräulein Else wird aber mit jedem Satz gleichzeitig aufgebaut und weiter zerlegt.
Durch Treffen und brieflichen Gedankenaustausch mit Siegmund Freud zu Beginn der 20er Jahre kommt eine weitere Ebene des ärztlichen Verstehens hinzu. Wie Freud interessiert sich Schnitzler für das Unter- und Unbewusste. Freuds Erkenntnisse über die Aussage von Träumen verarbeitet Schnitzler in dieser Novelle. Nach dem Gespräch mit Dorsday entfernt sich Else vom Hotel und lässt sich auf einer Bank nieder. Erschöpft von den Anstrengungen des Gesprächs und der Forderung Dorsdays, schläft sie ein und beginnt zu träumen. Im Traum erlebt sie ihr eigenes Begräbnis.
Schon vorher spricht Else von einem erotischen Traum, den sie schon dreimal gehabt hat und von dem sie nicht einmal ihrer Freundin Bertha erzählen würde. Dass eine 19-Jährige solche Träume hat, ist an und für sich nichts Außergewöhnliches.
Hier zeigt sich eine weitere Parallele zur früheren Monolognovelle. Auch Gustl schläft auf einer Bank im Prater ein. Allerdings träumt er nicht, sondern wacht abrupt wieder auf. Der Zeitsprung wird durch einen schwarzen Balken im

Text kenntlich gemacht. Beide Hauptfiguren, Gustl und Else, weisen Parallelen auf. Schon die Betitelung lässt den Leser von Beginn an einen Eindruck von den Personen haben. Die Titel sagen aber noch mehr aus. Sie sind das Einzige, woran die Figuren sich halten können, und genau dieses soll ihnen genommen werden. Gustl, der nicht weniger auf Identitätssuche ist als Else, läuft Gefahr, in seiner Ehre gekränkt zu werden. Diese Ehre macht aber überhaupt erst seinen Rang als Leutnant aus.

Verbindung zu *Lieutenant Gustl*

Else ist ein Fräulein, eine Jungfrau, um es anders zu sagen. Nun ist es aber nicht ihr Ehemann in spe, der sie als Erster nackt zu Gesicht bekommen soll, sondern ein Geschäftsmann, der einfach seine Freude an ihrem Anblick haben will. Die Novellen unterscheiden sich jedoch in ihren unterschiedlichen Vorzeichen. Während Gustl am Ende durch Zufall noch erlöst wird, kommt bei Else niemand, um sie zu erlösen, auch wenn sie sich im Grunde nach nichts anderem sehnt.

Beim Einsetzen des Traumes verlangsamt sich in beiden Fällen das Erzähltempo. Danach folgt bei beiden ein kurzer Moment der Orientierung, bis dann der Entschluss zur Tat gefällt wird. Die Beziehung der beiden Monolognovellen geht also über den Aufbau hinaus.

Elses Traum ist von einer Anhäufung sexueller Symbole geprägt. Die Schlangen, vor denen sie sich nicht fürchtet, stehen symbolisch für den Geschlechtsakt. Der Biss der Schlangen bedeutet also seinen Vollzug, vor dem Else zunächst aber noch zurückscheut. Die Stelle, an der Else gebissen wurde, bleibt auch nach dem Traum sichtbar. Den Riss in der Strumpfhose bemerkt sie, als kühle Luft an ihr Bein kommt. Risse in

Schlangen-Symbolik

Strumpfhosen sind auch ein Symbol, das sie frivol erscheinen lässt. (vgl. S. 19)
Das Ende der Novelle *Fräulein Else* bedarf eines genaueren Hinblickens. In den meisten Rezeptionen und Interpretationen wird der vollzogene Selbstmord Elses angenommen. Hinweise hierfür gibt es im Text zur Genüge. Die immer wiederkehrende Todessehnsucht – „Grabesnacht. Am liebsten möcht ich tot sein." (S. 17), „O, wie schön wäre das tot zu sein" (S. 43) –, Suizidgedanken wie: „Ich werde mich auch umbringen." (S. 32) verdeutlichen, dass der Tod für Else als Lösung und Ausweg gesehen wird. Mit dem Tod geht sie dem unangenehmen Aufeinandertreffen mit allen Beteiligten aus dem Weg, entgeht einem Skandal. Der Tod erscheint ihr als Ausweg. Dass sie diesen Weg wählt, zeigt, wie labil sie ist. Zudem endet mit der körperlichen und gedanklichen Aktivität auch der Erzählfluss.
Eine andere Position zum Ende der Novelle nimmt Hartmut Scheible ein:

> *„Zwischen solchen Widersprüchen, die durch keine verbindlichen Normen vereinbar sind, treibt Elses Psyche dem Kollaps zu (dass sie am Ende stirbt, ist, entgegen der allgemeinen Auffassung, durchaus unwahrscheinlich: Weder reicht die geringe Menge von sechs Veronaltabletten aus, noch gehen die Selbstmordgedanken sonderlich tief)."*[16]

Ganz eindeutig kann die Frage, ob sie am Ende stirbt, auf Basis des Textes nicht beantwortet werden.

16 Scheible, *Arthur Schnitzler*, Reinbek 1976, S. 118

3. Themen und Aufgaben

Die Lösungsverweise beziehen sich auf die Seiten der vorliegenden Erläuterung.

Inhalt:	Lösungstipp:
▶ Diskutieren Sie die Frage der Schuld an Elses Selbstmord. Begründen Sie Ihre Entscheidung.	
▶ Worin begründet sich Elses teilweise paradoxes Verhalten, ihren eigenen Wünschen Raum zu machen, gleichzeitig aber den Normen der Gesellschaft entsprechen zu wollen?	S. 53
Form:	
▶ Welche Vorteile und welche Schwierigkeiten bringt die Technik des inneren Monologes mit sich? Argumentieren Sie anhand von Textstellen.	S. 49, 50
Weiterführende Aufgaben:	
▶ Verfassen Sie an Elses Stelle einen Abschiedsbrief an ihre Eltern, in dem sie ihre Entblößung im Musikzimmer erklärt.	
▶ Würden Sie der These, dass Else ein ganz gewöhnlicher Teenager ist, zustimmen? Begründen Sie Ihre Entscheidung.	
▶ Ihre Aufgabe ist es, die Novelle zu verfilmen. Welche Änderungen am Grundtext würden Sie vornehmen? Skizzieren Sie Ihr Drehbuch unter Berücksichtigung von Ort und Zeit.	S. 26, 51

4. Rezeptionsgeschichte

Bereits im Vorwort wurde angesprochen, dass *Fräulein Else* in den 20er Jahren ein Verkaufserfolg war (25.000 Exemplare im Erscheinungsjahr, bis 1929 70.000 verkaufte Exemplare.). Der Erfolg kam nicht überraschend, da Schnitzler die Technik des inneren Monologes seit *Lieutenant Gustl* noch verbessert und vielschichtiger gearbeitet hat. Da diese Technik im deutschsprachigen Raum zuvor noch nicht gebräuchlich war, kann durchaus von einer Neuheit gesprochen werden. Darauf Bezug nehmend benutzen immer häufiger verschiedene Schriftsteller diese Technik. Zum damaligen Zeitpunkt neue Medien wie Rundfunk und Grammofon unterstützen die Technik des inneren Monologs. Es sieht fast aus wie eine natürliche Entwicklung, dass Elisabeth Bergner, die auch in dem gleichnamigen Stummfilm von 1929 die Rolle der Else verkörpert, den Text auch auf Schallplatte spricht. Trotz der Popularität des Spätwerkes gerät Schnitzler nach seinem Tod in Vergessenheit. Er gilt als nicht zeitgemäß. Das steht in gewisser Weise in Zusammenhang mit der Tatsache, dass die Handlungen seiner Werke sich vor dem Ersten Weltkrieg abspielen. Erst ab den 60er Jahren erlebt sein Werk unter besonderer Bemühung der amerikanischen Literaturwissenschaftler eine Renaissance.

Reinhard Urbach bietet in seinem Kommentar zu erzählenden Schriften und dramatischen Werken eine Erklärung für den Erfolg von Schnitzlers Werken:

> *„Als Leser Schnitzlers können am ehesten die vermutet werden, die von ihm bevorzugt beschrieben werden. Dabei sind zwei Vorbehalte zu machen. Schnitzler wurde nicht nur von denen*

Leichter Zugang zu Schnitzlers Werken

gelesen und verstanden, die um die literarische Tradition wussten, in der er stand. Er wurde nicht nur von denen rezipiert, die die gleiche Erziehung und Ausbildung genossen hatten wie er selbst. Sein Leserkreis ist von vorneherein größer als der Hofmannsthals oder Beer-Hofmanns. Arthur Schnitzler spielte nicht auf literarische Traditionen an, er brachte seine Bildung kaum ins Spiel. Er setzte fast nichts voraus. Er schrieb nicht in komplizierten Formen, die traditionsbelastet und bildungsbezogen waren und die zu lesen um so mehr genossen werden konnten, je mehr man sich in der Literaturgeschichte aller Zeiten und Länder auskannte. Schnitzler vermittelt nicht den Reiz des Exotischen; das Fremde und das Ferne wurden von ihm nicht nahe gebracht. Er ahmte nicht andre Sprachen, andere Töne und Weisen nach. In seinen Werken kann man die eigene Belesenheit nicht goutieren. Das Wiedererkennen literarischer Vorbilder entzückte die höheren Töchter, während die süßen Mädeln Schnitzler lasen und Schubert liebten.
Man braucht keinen Symbol-Schlüssel, um Zugang zum Werk Arthur Schnitzlers zu finden. Das macht den Erfolg bei den Zeitgenossen aus und ermöglicht zugleich heute, ihn naiv zu lesen. Die Urbilder seiner Gestalten fand er im Leben, nicht in der Literatur."[17]

Die frühen Besprechungen des Textes verweisen häufig auf eine psychopathologische Interpretation. **Michaela L. Perlmann** weist auf die Veränderung in der Betrachtung der Novelle hin und fasst die Positionen und Ansätze verschiedener Autoren zusammen:

17 Urbach, *Schnitzler-Kommentar*, S. 49

„Zahlreiche Interpreten sahen das Ziel Schnitzlers bislang fälschlicherweise ausschließlich in der Darstellung tiefenpsychologischer Antriebe der Heldin und übergingen dabei die soziale Problematik. So sah Victor Oswald (1951) in der Novelle eine psychologische Fallstudie, die Freuds Neurosentheorie bestätigt. Weitere Vertreter der amerikanischen Germanistik haben sich dieser Sichtweise angeschlossen. Elses Todestrieb, ihre angebliche inzestuöse Beziehung zu ihrem Vater, ihre narzisstische Neigung, die sich als Voyeurismus, vor allem als Exhibitionismus äußere, wurden mit psychoanalytischem Instrumentarium untersucht. (...)

Abkehr von psychopathologischer Interpretation

Erst mit der Untersuchung von Manfred Diersch (1973) wurde die psychopathologische Problematik als Symptom einer sozialen Situation erkannt und Elses psychische Bedrängnis auf soziale Auslöser zurückgeführt. Heiner Willenberg (1974) verfolgte diesen sozialkritischen Ansatz weiter, indem er die tiefenpsychologischen Aspekte nicht allein auf Freuds Vorstellungen, sondern zugleich auf Machs Infragestellung eines einheitlichen und kontinuierlichen Bewusstseinsbegriff bezieht. Auch Rolf Allerdissen (1985) verfolgt diesen von Diersch und Willenberg vorgezeichneten Ansatz in seiner Untersuchung zum impressionistischen Menschen bei Schnitzler. Else wird ein erschüttertes Ich, eine gespaltene Existenz sowie übermäßige Passivität bescheinigt, Kennzeichen, die sich zur ‚Unauthentizität des Lebens' zusammenfügen. Dabei erscheint die Heldin zu Recht weder als krank noch als moralisch verwerflich. Als kernlose Persönlichkeit wird sie vielmehr zum Spielball aller negativ determinierenden Einflüsse ihrer sozialen Umwelt wie ihrer eigenen Triebwelt."[18]

---

18 Perlmann, *Der Traum in der literarischen Moderne. Untersuchungen zum Werk Arthur Schnitzlers*. S. 115/116, zitiert nach: Polt-Heinzl, S. 67/68

5. Materialien

In seiner Habilitationsschrift erläutert Rolf Allerdissen die Wirkungsweise und Machart des inneren Monologs und den Begriff der Tragik auf die beiden Monolognovellen Schnitzlers bezogen:

„Was Schnitzlers formale Technik auszeichnet, ist die Verbindung von absolut überzeugender Wahrheit der Perspektive der Protagonisten und der die Aktionen und Reflexionen provozierenden und manipulierenden Eingriffe des Verfassers.

Den Gipfelpunkt erzählerischer Leistung erreicht Schnitzler aber erst durch die Identität von formaler Aussageweise und existenzieller Problematik der Figuren, die gekrönt wird durch die scheinbar völlig neutrale, bei näherem Hinsehen jedoch durchaus interpretierende und somit Position beziehende Haltung des Dichters seines Geschöpfes gegenüber. Die Selbstaussprache des Ichs des Protagonisten, die angeblich völlig unbewusst abläuft, aber natürlich nichts anderes ist als die Aussage des Dichters, kommt darüber hinaus ja auch erst durch eine vom Erzähler sorgfältig vorbereitete Konfrontation mit der objektiven Wirklichkeit in Gang. Und was sich als assoziativ und emotional bestimmter Strom von Bewusstseinsinhalten präsentiert, ist in Wirklichkeit ein genau und sorgfältig durchkonstruiertes Beziehungsgeflecht, das nicht nur eine momentane Aufnahme eines Zustandes, also einer psychischen Konstitution, sondern auch das durch ein gewaltsames von außen eindringendes Ereignis belastete Selbstverständnis und die jeweils daraus gezogene Konsequenz vorstellt.

Es wird zu zeigen sein, dass sich Schnitzlers Protagonisten insofern von einem traditionell tragischen Helden unterscheiden, als ihre Tragik des unausweichlichen und unlösbaren Konflikts sich nicht aus der schicksalhaft bestimmten Konstellation bestimmter

Ereignisse herleitet, sondern ein innerseelisches Problem ist, dessen Wurzeln viel tiefer zurückreichen als jenes den latent bereits vorhandenen Konflikt schließlich nach außen kehrende Ereignis, bei ‚Leutnant Gustl' der ehrverletzende Zusammenprall mit dem Bäckermeister, bei ‚Fräulein Else' das Ansinnen Dorsdays, sie nackt sehen zu dürfen. Von hier aus ist es auch eine unzulässige vordergründige Sicht, wenn die – durchaus präsente – Zeitkritik des Dichters auf diese Ereignisse konzentriert wird, wenn sich also die mangelnde Weltorientierung der Gesellschaft in der Fragwürdigkeit eines hohlen Ehrbegriffs oder dem zynischen Materialismus von Dorsdays Maxime ‚alles auf der Welt ist käuflich' ausdrücken soll. Die Leere und Korruptheit der Gesellschaft tritt auch durchaus zutage, aber in einer viel subtileren und daher hoffnungsloser erscheinenden Weise, indem sie sich nämlich dem Hilferuf des bedrängten Individuums verschließt und damit sein Scheitern hervorruft."[19]

Reinhard Urbach stellt die Figuren in Schnitzlers Spätwerk in einen charakterlichen Zusammenhang. Er erkennt, dass sie die Welt nicht mehr als Bedrohung hinnehmen, sondern dass sie versuchen einen eigenen, individuellen Weg zu finden, um sich zu behaupten. Oft genug erscheint jedoch immer noch der Tod als einziger Ausweg.

„Immer breiteren Raum findet im Spätwerk Schnitzlers die Hoffnung. Die Lösung von Problemen einsamen und gemeinsamen Lebens – und sei sie noch so vorläufig, noch so empfindlich balanciert, noch so schwebend und wenig stabil –, sie wird gesehen und versucht. Die Erwachenden beginnen ihr eigenes Leben zu leben, ohne sich den moralischen und konventionellen Zwängen zu unter-

19 Allerdissen, S. 10/11

werfen, die sie früher beengt und gehemmt hätten. Sie versuchen, die sozialen und politischen Gegebenheiten für ihre Selbstverwirklichung oder das, was sie darunter verstehen, auszunutzen. Sie versuchen, sie selbst zu werden, sich mit ihren Entscheidungen und Taten zu identifizieren, sie zu verantworten, und sei es als Protest gegen Konventionen, gegen Spielregeln und Vorbeugungen der Umwelt, indem sie sich selbst töten. Sie versuchen, inmitten einer unfreien und grotesk geordneten Lebenssphäre Ansätze unbestimmter und nur geahnter, noch nicht bewusster, doch auch nicht erzwungener oder gelenkter Entschlüsse zu erkennen zu geben. Sie versuchen Möglichkeiten zu verwirklichen, zu denen sie sich bekennen und von denen sie glauben, dass nur sie ihnen entsprechen. Die meisten dieser Versuche enden zwar zwangsläufig mit dem Tod. Das Fräulein Else vermag es noch nicht, sich den Befangenheiten und Verstörungen, die ihre ‚Höhere-Tochter'-Gefühle erniedrigen, anders als durch Selbstmord zu entziehen."[20]

Den im vorletzten Teil der Novelle auftauchenden Notenzitaten widmet Gerd K. Schneider seine Aufmerksamkeit und erkennt Zusammenhänge zum Handlungsgeschehen.

„Es ist interessant, der Frage nachzugehen, warum Schnitzler gerade diese drei Notenbruchstücke ausgewählt hat. Der Gedanke drängt sich hier auf, dass Schnitzler, dessen Texte bis ins kleinste durchgeformt sind, hier nicht nur die Wirkung des musikalischen Gehalts betonen wollte, sondern auch die musikalische Form im Sinne hatte. Während im ersten Stück ein Auflösungszeichen steht, finden wir im zweiten vier und im dritten vierzehn; die zunehmende Zahl der Auflösungszeichen läuft somit parallel mit der zunehmenden, sich kurz nach der Enthüllungsszene bis zur Ohnmacht

20 Urbach, *Schnitzler-Kommentar* , S. 35/36

steigernden Selbstauflösung Elses. Ebenfalls können die in den drei Partiturauszügen angegebenen musikalischen Zeichen für den Wechsel der Tonstärke zu der innen Dynamik Elses, dem Anschwellen und Abnehmen der Intensität ihrer Gefühlswelt in Beziehung gesetzt werden. Die letzte Notenwiedergabe ist besonders wichtig, denn während dieser musikalischen Darbietung erreicht der innere Kampf Elses seinen Höhepunkt. Eine genaue Betrachtung des Notenbildes ergibt, dass die Achtel-, Viertel- und Dreiachtelnoten und die Halbnote der führenden Oberstimme durch einen ,Bindebogen' verbunden sind; die eine ganze Oktave tiefer liegenden Sechzehntelnoten sind dagegen in den beiden ersten Takten staccato zu spielen. Diese Vereinigung der an sich ,polaren' Elemente von Bindung und Vereinzelung weist bis zum letzten Takt ebenfalls eine Steigerung auf, und dies in zweifacher Hinsicht: Wir bemerken eine stetig anwachsende Tonhöhe und eine immer stärker geforderte Intensität des musikalischen Vortrags, eine Intensität, die sich ohne Unterbrechung steigert, denn, im Gegensatz zu den anderen beiden Notenbruchstücken, folgen hier drei crescendo-Zeichen aufeinander. Polarität und Steigerung können wir aber auch in Else feststellen, die kurz vor dem Akt der Selbstenthüllung die zwei bis zum Extrem gesteigerten Gefühle der Scham und der Sinnlichkeit aufweist."[21]

21 Schneider, *Ton- und Schriftsprache in Schnitzlers „Fräulein Else" und Schuberts [sic!] „Carnaval"*. S. 17/18, zitiert nach: Polt-Heinzl, S. 74/75

Literatur

Ausgaben:

Schnitzler, Arthur: *Fräulein Else*. Stuttgart: Reclam-Universalbibliothek 18155, 2002.
(Nach dieser Ausgabe wird zitiert.)

Schnitzler, Arthur: *Jugend in Wien*. Hrsg. von Therese Nickl und Heinrich Schnitzler. Frankfurt a. M.: S. Fischer Verlag, 2003.

Schnitzler, Arthur: *Liebelei.* Stuttgart: Reclam-Universalbibliothek 18157, 2002.

Schnitzler, Arthur: *Lieutenant Gustl.* Stuttgart: Reclam-Universalbibliothek 18156, 2002.

Lernhilfen:

Lindken, Hans-Ulrich: *Leutnant Gustl. Fräulein Else*. Königs Erläuterungen und Materialien. Hollfeld: Bange, 1999
(Vorgänger zu diesem Band.)

Polt-Heinzl, Evelyne: *Fräulein Else*. Erläuterungen und Dokumente. Stuttgart: Reclam-Verlag 16023, 2002.
(Bietet detaillierte Wort- und Sacherklärungen, außerdem eine breite Wirkungs- und Rezeptionsgeschichte.)

Sekundärliteratur:

Allerdissen, Rolf: *Arthur Schnitzler: Impressionistisches Rollenspiel und skeptischer Moralismus in seinen Erzählungen*. Bonn: Bouvier, 1985.

Baumer, Franz: *Arthur Schnitzler*. Berlin: Colloquium Verlag, 1992. (Reihe: Köpfe des 20. Jahrhunderts)

Fliedl, Konstanze (Hrsg.): *Arthur Schnitzler im zwanzigsten Jahrhundert.* Wien: Picus, 2003.

(Einige der renommiertesten Biografen und Interpreten Schnitzlers geben neue, kulturwissenschaftlich orientierte Perspektiven.)

Lindgren, Irène: *„Seh'n Sie, das Berühmtwerden ist doch nicht so leicht!" – Arthur Schnitzler über sein literarisches Schaffen.* Frankfurt a. M.: Peter Lang, 2002.

Lindken, Hans-Ulrich: *Arthur Schnitzler. Aspekte und Akzente.* Materialien zu Leben und Werk. Frankfurt a. M., Bern, New York: Peter Lang, 1984. (= Europäische Hochschulschriftenreihe 1, Band 754)

Perlmann, Michael L.: *Arthur Schnitzler.* Stuttgart: Metzler, 1987.

Rey, William H.: *Arthur Schnitzler. Die späte Prosa als Gipfel seines Schaffens.* Berlin: Erich Schmidt Verlag, 1968.

Scheible, Hartmut: *Arthur Schnitzler. In Selbstzeugnissen und Bilddokumenten.* Reinbek: Rowohlt, 1976.

Scheible, Hartmut: *Arthur Schnitzler in neuer Sicht.* München: Fink, 1981.

Schnitzler, Heinrich, Christian Brandstätter, Reinhard Urbach (Hrsg.): *Arthur Schnitzler – sein Leben und seine Zeit.* Frankfurt a. M.: S. Fischer, 1981.

Urbach, Reinhard: *Schnitzler-Kommentar zu den erzählenden Schriften und dramatischen Werken.* München: Winkler Verlag, 1974.

Wagner, Renate: *Arthur Schnitzler.* Wien: Verlag Fritz Molden, 1981.

Sonstige Literatur:

Von Wilpert, Gero: *Sachwörterbuch der Literatur.* 6. Aufl. Stuttgart: Kröner, 1979.

Zirbs, Wieland (Hrsg.): *Literatur Lexikon. Daten, Fakten und Zusammenhänge.* Berlin: Cornelsen, 1998.

Internet:

www.dhm.de/lemo/html/biografien/SchnitzlerArthur
(Biografie Schnitzlers)

www.virtuelleschuledeutsch.at/inetsem/else_w.htm
(Die Seite greift verschiedene Aspekte der Novelle auf und gibt Interpretationsansätze.)

Vertonung:

Schallplatte: Gelesen von Elisabeth Bergner, Deutsche Grammophon Gesellschaft, LPMS 43036

CD: Gelesen von Senta Berger, zwei CDs, 85 Min. Kein & Aber Records 2002.
ISBN 3-0369-1127-8

Verfilmungen:

Fräulein Else, Deutschland (Stummfilm) 1929.
Regie: Paul Czinner;
mit Elisabeth Bergner.

Fräulein Else, Österreich (Fernsehspiel) 1974.
Regie: Ernst Haeussermann;
mit Marianne Nentwich (Else) und Curd Jürgens (Dorsday).

Wie interpretiere ich ... ?

Sonderbände

Bernd Matzkowski
Wie interpretiere ich?

Dieser Band zeigt das Vorgehen vom ersten Erfassen des Textes bis zum Entwurf einer Gliederung und festigt die Grundlagen von Interpretation und Analyse.

114 Seiten, 11,90 €

Best.-Nr. 1487-7

Eduard Huber
Wie interpretiere ich Gedichte?

Interpretation ist keine Hexerei! Das wird der Schüler merken, wenn er mit diesem Band arbeitet. Er gibt den Klassen 8 bis 13 klare Regeln an die Hand, wie sie die Sprache des Dichters in die eigene übersetzen.

112 Seiten, 11,90 €

Best.-Nr. 1474-7

Thomas Möbius
Beliebte Gedichte interpretiert

Interpretiert werden 27 beliebte Gedichte vom Mittelalter bis zur Moderne. Mit Texten.

100 Seiten, 10,90 €

Best.-Nr. 1480-8

Wolfhard Keiser
Beliebte Balladen interpretiert

Interpretiert werden 28 Balladen von Bürgers „Leonore" bis Kirschs „Bei den weißen Stiefmütterchen". Mit Texten.

156 Seiten, 13,90 €

Best.-Nr. 1477-8

Wie interpretiere ich ein Drama?

Bernd Matzkowski
Wie interpretiere ich ein Drama?
Basiswissen 10.–13. Schuljahr
112 Seiten, 10,90 €
Best.-Nr. 1419-8

Thomas Möbius
Wie interpretiere ich ein Drama?
Anleitung 10.–13. Schuljahr
204 Seiten, mit Texten, 12,90 €
Best.-Nr. 1466-2

Thomas Möbius
Wie interpretiere ich ein Drama?
Übungen mit Lösungen 10.–13. Schuljahr
212 Seiten, mit Texten, 12,90 €
Best.-Nr. 1467-9

Mehr dazu finden Sie unter **www.bange-verlag.de**